생명나무
장로

생명나무 장로

| 서광수 지음 |

쿰란출판사

/ 추천사 /

　사도 바울에게는 죽을 때까지 잊을 수 없는 여러 동역자들이 많았습니다. 그 중에서도 한 부부를 꼽는다면 브리스길라와 아굴라일 것입니다. 저에게는 서광수 장로님이 그런 분입니다. 장로님은 원래 타고나기를 온유하고 겸손한 성품으로 태어난 분은 아닙니다. 혈기가 있고 자기 고집과 주관이 강한 분입니다.

　그런데 그가 젊은 시절 육체의 질병을 치유 받은 후 예수를 믿게 되고 훗날 자기 생명보다 더 귀한 딸을 안타깝게 잃고서 저를 만나게 되었습니다. 저도 고난대학을 졸업한 사람이고 눈물 젖은 빵을 먹어본 사람입니다. 광야학교를 통해서 인생에 있어서 고난이 얼마나 힘들고 어려운가를 아는 사람입니다.

　먼저 그분의 눈물을 닦아주고 멍든 가슴을 어루만져 주었습니다. 그리고 어느 기도원에서 생명나무 신앙을 주제로 집회를 할 때 참석하실 것을 권유했습니다. 그때 장로님께서는 거반 치유가 된 것 같았습니다. 그 후로 저는 장로님과 형제애를 주고받게 되었고 목회에 든든한 후원자요, 정신적, 영적 후견인이 되었습니다.

　사실 저에게 기도하시는 장모님이 계시지만 같은 식구가 아닙니까? 그런데 장로님은 남이지 않습니까? 제가 40대 초반에 1만 평이 넘는 예배당을 지을 때 다들 너무 무리하게 짓다가는 교회 부도나고 심장 터져 죽는다고 반대를 했습니다. 그러나 장로님은 저에게 더 크게 짓자고 하면서 힘을 주셨습니다. 그냥 말로만 하시는 것이 아니라 자신이 먼저 헌신의 제물을 드리며 앞장섰습니다.

　아무래도 교회를 지을 때 일부 안티가 생길 수 있지 않습니까? 그러나 우리 교회는 서 장로님이 앞장서서 전화로 설득하고 심방하며 마음을 하나로 모으면서 단 한 명의 안티 없이 땅을 사고 예배당을 짓고 갑절 부흥을 할 수 있었습니다. 장로님은 연기 나는 곳에 불쏘시개가 되었고, 어둠이 있는 곳에 빛이 되었고, 오염되어 불평하고 수군거리는 곳에 한 줌의 소금이 되었습니다. 오늘날 새에덴교회의 부흥에는 서 장로님의 눈물겨운 헌신과 충성이 큰 역할을 하였습니다.

　서 장로님은 장관이나 국회의원 출신이 아닙니다. 집안이 좋거나 학벌이 대단한 분이 아닙니다. 9급 공무원으로 시작해서 대학 총장까지 올라간 분입니다. 인간적으로 볼 때 한 번도 목사의 생각에 '아니오'라고 한 적이 없습니다. 본인의 주관이 없어서가 아니라 고난을 통해서 하나님을 만나고 생명나무 신앙과 신정주의 교회론을 배웠기 때문입니다.

물론 배운다고 누구나 그렇게 할 수 있겠습니까? 하나님께서 장로님에게 특별한 생명나무의 은혜를 주셨기 때문입니다. 오늘날 에덴의 동쪽 같은 교회를 보면서 저도 마음이 아팠지만 장로님도 마음이 아팠다고 합니다. 제가 목사로서 교회의 영광성과 거룩성 회복을 위해 사역하는데, 장로님도 평신도로서 생명나무 신앙을 전하는 책을 쓰고 싶다고 하셨습니다. 원고를 보니까 불민한 종에 대해서 민망스러운 부분도 있었습니다. 그래서 몇 군데 빼달라고 해서 뺀 곳도 있지만, 이것만은 제가 남기고 싶다고 하셔서 아주 낯 뜨겁기도 했지만 또 한편으로는 은혜를 받았습니다.

이 책이 한국교회 목회자들과 특별히 평신도들에게 교회와 목

회자를 섬기는 데 귀한 도구로 쓰임 받을 수 있기를 바랍니다. 아니, 하나님 나라를 확장하는 데 한 줌의 중보가 되었으면 좋겠습니다. 이 책이 전달되고 읽혀지는 곳마다 하나님의 은혜가 전달되고 선교적 역사가 나타나기를 간절히 바랍니다.

2017년 2월 1일

소강석 목사(새에덴교회)

/ 서문 /

먼저 한없이 부족하고 연약한 사람을 들어 쓰시는 하나님께 감사와 영광을 올려 드립니다. 저의 삶은 눈보라가 몰아치고 폭풍이 몰아치는 격동의 순간이 많았습니다. 마치 야곱이 자신의 삶을 돌아보며 험한 인생을 살아왔다고 고백한 것처럼, 세상에서 가장 사랑하고 아끼던 큰딸을 먼저 하나님의 품에 안겨야 했던 고통과 슬픔을 겪기도 하였습니다.

그러나 지금 생각해 보면 그 모든 것이 하나님의 은혜요, 인도하심이었음을 고백합니다. 특별히 하나님이 쓰시는 신실한 종이요, 시대와 역사를 깨우는 새에덴교회 소강석 목사님을 만나게 하신 것을 감사드립니다. 목사님을 만나지 못했더라면, 아마 저는 끝없는 고통과 시련의 나락에서 허우적거리며 패배자의 삶을 살았을지도 모릅니다.

그러나 하나님께서 저를 불쌍히 여기시고 손을 붙잡아 일으켜 주셨습니다. 생명나무 신앙을 알게 하셔서 절망과 슬픔을 딛고 다시 용서와 사랑, 감사와 순종의 신앙을 소유하게 되었습니다.

　무엇보다 신정주의 교회론을 깨닫게 하셔서 생명나무 장로로서 철저하게 하나님 중심, 교회 중심, 담임목사님 중심의 행복한 신앙생활을 하게 하셨습니다.

　저는 행복한 생명나무 장로가 되어 오로지 예배 중심, 기도 중심, 사명 중심의 삶을 살게 되었습니다. 그래서 모든 날이 행복이요 기쁨이요 감사요 찬양의 날들이 되었습니다. 9급 공무원으로 시작하여 대학교 총장에 오를 정도로 놀라운 하나님의 복을 받았으며 지금도 여전히 꿈을 꾸며 세계 민족 위에 뛰어난 축복의 명문 가문을 이루는 꿈을 꾸며 달려가고 있습니다.

　이 책은 저를 자랑하는 것도 아니고, 우리 교회를 자랑하는 것도 아니고, 소 목사님을 자랑하고자 함도 아닙니다. 부족하고 연약하기만 한 저를 쓰시고, 새에덴교회를 쓰시고, 소강석 목사님을 쓰신 왕이신 주님만을 높이고 그분이 행하신 놀라운 은혜를 간증하고자 함입니다. 이 책에 나오는 생명나무 신앙과 신정주의 교회론에 관한 내용은 소강석 목사님의 저서 《생명나무》와 《신정주의 교회를 회복하라》에서 인용하였습니다.

　새에덴의 장로님들과 성도님들께 감사드리고, 인생의 고비마다 함께 울고 웃으며 저를 위해 기도해 준 아내 전정숙 권사, 딸 다혜와 아들 성동이, 사위와 며느리, 어린 손자들에게도 감사의 인사를 전합니다. 그리고 하나님의 품에 안겨 있을 큰딸 지혜에게도 이 책으로 늦은 인사를 전합니다. 원고 교정을 해 주신 선광현 목사님과 책을 출판해 주신 이형규 장로님께도 감사드립니다.

　부디, 부족한 종의 책이 절망에 빠진 이들에게 꿈과 희망을 주고, 분열과 다툼으로 신음하는 한국교회가 푸르른 생명나무 신앙으로 가득하게 되는 데 한 줌의 증보가 되었으면 좋겠습니다. 모든 영광 하나님께 올려 드립니다.

2017년 2월 1일
서광수 장로(새에덴교회, 예수대학교 총장)

/ 목차 /

- 추천사 소강석 목사(새에덴교회) _4
- 서문 _8

1장 • 욥의 슬픔을 안고 버려진 광야 _13

2장 • 가난한 날들의 꿈과 믿음의 꽃씨 _43

3장 • 생명나무 믿음으로 약속의 성전 건축 선구자가 되어 _67

4장 • 새에덴의 생명나무 장로들 _171

5장 • 생명나무 가득한 교회를 위하여 _217

1장

⋮

욥의 슬픔을 안고 버려진 광야

🌳 크리스마스 이브의 슬픈 이별

"하나님, 어떻게 제게 이런 고난을 주실 수 있습니까? 차라리 제 생명을 취해 가십시오. 그리고 제 딸을 살려 주소서. 하나님, 너무하십니다. 하나님을 섬기고 교회를 위해 충성한 결과가 이것입니까? 어떻게 이러실 수 있습니까? 무어라 대답 좀 해 보십시오. 당신의 뜻이 무엇이란 말입니까?"

아무리 기도하고 기도해도 흐르는 눈물을 닦아낼 수 없었습니다. 아무리 외치고 외쳐도 억울하고 답답한 가슴은 씻어낼 수 없었습니다. 왜 나에게 이런 고난과 시련이 닥쳐야 한단 말인가! 하나님을 원망하고 소리를 쳐도 죽을 것만 같은 가슴의 통증은 사라지지 않았습니다.

1998년 12월 24일 크리스마스 이브, 세상 모든 사람들이 아기 예수님의 탄생을 축하하며 즐거운 시간을 보내고 있을 때, 우리 가족에게는 청천벽력 같은 비보가 날아왔습니다. 어렸을 때부터 수재 소리를 들으며 우리 부부에게 이루 말할 수 없는 기쁨과 행복을 안겨 주었던 큰딸 지혜가 하나님의 부름을 받은 것입니다.

　싸늘한 딸의 주검 앞에서 제가 할 수 있는 일은 아무것도 없었습니다. 금이야 옥이야 키우던 딸이었습니다. 어렸을 때부터 한 번도 1등을 놓치지 않을 정도로 공부를 잘하여 서울대 법대를 다니던 딸이었습니다. 마음도 곱고 따뜻하여 부모에게 효도를 하던 사랑스러운 아이였습니다. 저는 딸의 죽음 앞에 하늘이 무너지고 땅이 꺼지는 것만 같았습니다. 지혜는 저희 가정의 희망이고 꿈이었습니다. 특별히 제 아내에게는 천하와도 바꿀 수 없는 귀한 딸이고 모든 것이었습니다.

　그런데 하나님이 저희 부부에게서 보석 같은 딸을 데려가신 것입니다. 저는 도저히 받아들일 수 없었습니다. 아무것도 할 수 있는 일이 없었습니다. 그저 저녁 내내 싸늘하게 식은 딸을 껴안고 하나님께 제발 살려 달라고 기도할 뿐이었습니다.

　"하나님, 제발 살려 주세요. 지혜를 이렇게 허망하게 보낼 수는 없습니다. 한 번만 살려 주세요. 다시 호흡이 돌아오게 해 주세요. 하나님, 제발 무어라 말씀 좀 해 보세요. 다시 환하게 웃는 딸의 모습을 보게 해 주세요. 어서 지혜가 다시 일어나 아빠를 부르며 품에 안길 수 있도록 해 주세요."

저뿐만 아니라 온 가족이 함께 모여 10시간 동안 기도하고 찬양하고 기도하고 또 찬양하며 울부짖으며 하나님께 매달렸습니다. 그러자 온몸이 불처럼 뜨겁게 달아오르기 시작했습니다. 성령의 강력한 임재하심을 느낄 수 있었습니다. 저도 모르는 기도가 터져 나오고 찬송이 끊임없이 흘러 나왔습니다. 그 순간 강력한 하나님의 감동이 임하였습니다.

"나는 지금 너의 고통과 함께하고 있다. 무조건 감사해라. 지금은 도저히 이해가 되지 않고 힘들어도 감사해라. 내가 반드시 너희 가족을 일으켜 세울 것이다. 나의 크고 비밀한 일을 너를 통하여 이룰 것이다. 지금의 이 고난은 풀무불처럼 견디기 힘들 것이나 나는 너를 반드시 나의 이름과 영광을 드높이는 빛나는 순금 같은 종으로 쓸 것이다."

시간이 어떻게 가는 줄도 모르게 저희 온 가족은 하나님께 기도하고 찬양하였습니다. 그리고 그 슬픔과 비탄의 울음소리는 결국 감사와 찬송의 노랫소리로 변하였습니다.

"하나님, 무조건 감사합니다. 욥도 하루아침에 열 명의 자녀를 잃고 전 재산을 잃었지만 한 번도 하나님을 원망하지 않고 오히려 감사하며 찬송하였지 않습니까? 저도 주님을 찬송하게 하옵소서. 울더라도 감사하게 하옵소서. 무조건 감사함으로 이 고난을 이기게 하옵소서."

돌이켜보면, 그때의 시간은 마치 10년의 시간같이 느껴졌고 저 또한 목숨만 붙어 있을 뿐이지 죽음과 암흑의 시간처럼 느껴졌습니다. 살아 있으나 살아 있는 것이 아니었습니다. 게다가 아내는 저보다 더 큰 충격을 받고 정신을 잃고 쓰러졌습니다. 밤이면 혼자 정신 나간 사람처럼 거리를 헤매고 다녔습니다.

심지어는 길바닥에서 죽으려고 한 적도 많았습니다. 하루는 집사람이 눈이 잘 보이지 않아 병원에 갔더니 너무 많이 울어서 각막이 흐물흐물하게 되었다고 했습니다. 이렇게 계속 울면 나중에는 실명하게 될 수도 있다는 것입니다. 그러니 어떻게든지 안 울게 해야 한다고 할 정도였습니다.

그만큼 아내는 딸을 잃은 슬픔 속에서 빠져나오지 못하고 허우적거렸습니다. 가정은 풍비박산이 나고 소용돌이쳤습니다. 저는 칼바람이 몰아치는 광야에 혼자 서 있는 것처럼 무력하게 서 있을 수밖에 없었습니다. 큰딸의 죽음은 심장을 도려내는 아픔이었습니다.

그러나 아내와 가족들 모두 다 힘들어하고 있는데, 가장인 저마저 정신을 차리지 못하고 흔들리면 어떻게 되겠습니까? 그래서 이를 악물고 슬픔을 가슴 깊이 누르며 아내를 챙기고 가정을 돌보았습니다. 그래도 우리 가족에게 갑자기 불어닥친 고난과 시련의 광풍은

쉽게 사라지지 않았습니다.

그날 이후, 우리 가족은 웃음을 잃었습니다. 대화가 사라지고 슬픈 침묵만이 가득했습니다. 그때 제가 할 수 있는 것은 오직 기도밖에 없었습니다. 그저 하나님께 무릎 꿇고 기도할 수밖에 없었습니다. 처음에는 기도도 나오지 않았습니다. 비탄의 한숨과 원망 어린 하소연만 나올 뿐이었습니다.

"하나님, 어떻게 이러실 수 있습니까? 제 생명보다 소중한 딸입니다. 차라리 제 목숨을 가져가시지 어떻게 지혜를 데려가실 수 있단 말입니까? 하나님, 너무하십니다. 왜 우리 가족에게 이런 시련을 주신단 말입니까?"

하나님께 무릎 꿇고 기도할 때, 너무도 큰 슬픔과 아픔 때문에 눈물이 하염없이 흘러 내렸습니다. 그 어떤 말도, 그 무엇도 저의 상처받은 마음을 위로해 줄 수 없을 것만 같았습니다. 앞길이 막막하고 어둠만이 가득했습니다.

🌲 "사랑하는 아들아, 내가 너의 슬픔을 보았노라"

밤이 되어도 잠을 잘 수가 없었습니다. 눈을 감아도 온통 악몽 같은 고난뿐이었습니다. 처절한 생채기를 끌어안고 비명에 가까운 기도를 하나님께 드렸습니다.

제발 살려 달라고, 우리 가정을 구원해 달라고 하나님께 눈물로 애원하였습니다. 몇 날 며칠을 정신을 차리지 못하고 하나님께 엎드려 눈물로 애원을 하고 있을 때였습니다. 그때, 그 깊은 기도 끝에서 하나님께서 저를 찾아오셨습니다.

슬픔에 짓눌려 눈앞이 캄캄할 정도로 아무것도 보이지 않던 때였습니다. 의지할 곳도 없이 처절하게 울고 또 울며 기도하고 있을 때였습니다. 눈을 감고 기도하는데 갑자기 섬광처럼 눈부신 빛이 밝아오는 것입니다. 형광등이나 일반 조명과는 비교할 수도 없는 찬란하게 빛나는 빛이 두 눈과 가슴에 가득 안겨왔습니다. 온몸이 뜨거워지고 두 눈시울이 환한 빛으로 가득하였습니다. 그리고 하나님이 주시는 미세한 음성이 가슴의 감동으로 들렸습니다.

"사랑하는 아들아, 내가 너를 아노라. 너의 슬픔과 눈물을 보았노라. 나는 너희 가족들과 함께하고 있다. 앞으로도 너를 지키고 너희 가족과 동행할 것이다. 그러니 감사해라. 감사할 수 없어도 무조건 감사해라. 그리하면 너희 가족에게 넘치는 축복을 부어줄 것이다. 내가 반드시 너희 가족을 축복의 가문이요, 믿음의 명문 가문으로 일으켜 줄 것이다."

그리고 그 죽음 같은 고통의 밑바닥에서 한 가지 깊은 깨달음이 왔습니다.

"지금은 도저히 딸의 죽음이 이해가 되지 않겠지만, 이 고난을 통하여 말할 수 없는 신비스러운 은혜의 비밀을 알게 될 것이다. 인생은 누구나 한 번 죽는데 일찍 죽고 늦게 죽는 그 시간이 중요한 것이 아니다. 하나님이 데려가시면 어쩔 수 없다. 인간의 모든 생사화복이 하나님의 뜻이다. 딸의 죽음은 인간의 상식으로는 이해할 수 없고 일반적으로는 살아야 하지만, 죽음도 하나님의 섭리 안에 있다."

나중에 다시 언급하겠지만, 저는 딸의 죽음 때문에 얼마나 하나님과 가까워졌고 하나님의 은혜 속에 깊이 나아가게 되었는지 모릅니다. 그리고 훗날 꿈속에서 지혜가 천국에서 하나님의 품에 안겨 환한 얼굴로 인사하는 꿈을 몇 번이나 꾸었는지 모릅니다.

저는 그제야 서서히 정신을 차렸습니다. 머리로는 이해가 되지 않지만, 가슴으로는 받아들일 수 없지만, 오직 믿음으로 하나님께 감사하고 순종하기로 했습니다. "그래, 지나간 과거는 변화시킬 수 없다. 다시 일어서자. 지금의 상황이 아무리 이해되지 않을지라도 하나님을 신뢰하고 붙들자. 무조건 감사하자. 무조건 순종하자. 무조건 충성하자."

그때부터 저는 아내와 가족들을 설득하기 시작했습니다. 그리고 우리 가족이 이 고난의 수렁을 건너 다시 일어설 수 있는 길은 오직 하나님을 붙잡는 것이라고 이야기하였습니다. 그래서 온 식구가 10시간 이상 동안 하나님께 감사 찬송을 부르고 간절한 기도를 드렸습니다. 기도하고 찬송하자 다시 새 힘이 솟는 것을 느꼈습니다. 저는 아내와 두 아이들에게 이야기했습니다.

"여보, 우리가 지금 원망하고 불평하면 지는 것이네. 머리로는 이해가 안 되지만 무조건 감사합시다. 하나님이 나에게 말씀해 주셨어. 하나님은 지금도 우리 가족과 함께하시고 있다고, 우리의 슬픔을 알고 계신다고. 그러니 다시 하나님을 붙잡고 힘을 냅시다. 다혜야, 성동아, 너희들도 힘을 내라. 하나님은 반드시 너희들을 통해서 크고 위대한 축복을 주실 거야."

온 가족이 함께 모여 기도하고 찬송하며 원망과 불평으로 쓰러지지 않고 오히려 감사와 찬송을 올려 드리며 서서히 일어섰을 때, 하나님의 따스한 위로와 은혜가 임하는 것을 체험할 수 있었습니다. 그래서 다시 하나님께 무릎 꿇고 원망과 불평이 아닌 감사의 기도를 드렸습니다.

"하나님, 감사합니다. 무조건 감사합니다. 감사할 수 없어도 감사하겠습니다. 주신 이도 여호와시요 거두신 이도 여호와시니 오직 주님께 감사만 하겠습니다. 주님, 우리 가족을 회복시켜 주옵소서. 고난이 변하여 축복이 되게 하시고 비탄이 변하여 찬송이 되게 하소서. 우리 가족을 주님의 성전의 백향목 같은 가문으로 사용하여 주옵소서."

하나님께 애원하며 오직 기도와 찬송으로 다시 일어서기는 하였지만, 그 순간을 돌이켜보면 도저히 인간의 힘으로는 견딜 수 없는 고통의 순간이었습니다. 그러나 감사하게도 끝까지 하나님께 원망과 불평을 하지 않고 기도하고 감사할 수 있었다는 것입니다. 그래도 저도 인간인지라 문득문득 너무 가슴 아프고 원망과 불평이 나오려고 할 때도 있었습니다. 이것이 인간의 나약함이라는 것을 알았습니다. 저와 저희 가정이 받은 상처와 아픔은 쉽게 가시지 않았습니다. 무거운 고난의 짐을 어깨에 짊어지고 가는 것처럼 비극적 운명의 수레바퀴를 힘들게 굴려야만 했습니다. 그때마다 저는 욥을 생각하였습니다.

사람들의 조롱, 욥의 가슴으로 울다

저의 삶을 생각해보면 욥이 생각납니다. 욥은 하루아침에 열 명의 자녀를 잃고 재산과 건강까지 다 잃어버렸습니다. 게다가 아내에게마저도 "차라리 하나님을 저주하고 죽어버리라"는 공격을 당하고 버림을 받았습니다. 친구들에게까지 "네가 무슨 죄를 지어서 이렇게 하나님의 진노를 받았느냐"며 온갖 조롱을 당하였습니다.

그러나 욥은 참혹한 고통 가운데에서도 끝까지 하나님을 원망하지 않았습니다. 오히려 하나님께 엎드려 예배하였습니다. 그리고 주님께 고백합니다. "주신 이도 여호와시요 거두신 이도 여호와시니 여호와의 이름이 찬송을 받으시리라."

"욥이 일어나 겉옷을 찢고 머리털을 밀고 땅에 엎드려 예배하며 이르되 제가 모태에서 알몸으로 나왔사온즉 또한 알몸이 그리로 돌아가올지라 주신 이도 여호와시요 거두신 이도 여호와시오니 여호와의 이름이 찬송을 받으실지니이다 하고 이 모든 일에 욥이 범죄하지 아니하고 하나님을 향하여 원망하지 아니하니라"(욥 1:20-22).

욥도 인간인데 어찌 원망이 없었겠습니까? 왜 하나님께 불평하고 싶은 마음이 없었겠습니까? 그러나 그는 고난 중에서 오히려 하나님을 더 붙잡았습니다. 더 처절하게 엎드리며 예배를 드렸습니다. 눈물로 감사와 찬양을 올려 드렸습니다. 어떻게 인간의 힘으로 그렇게 할 수 있겠습니까? 그것은 하나님께서 욥과 함께하셨기 때문에 가능한 일이었습니다.

저희 가정도 그 큰 어려움 가운데에서도 감사하며 이겨낼 수 있었던 것은 성령 하나님이 함께하셨기 때문입니다. 하나님께서 저희 가족 한 사람, 한 사람을 찾아오셔서 위로하시고 감사의 마음을 주셨기 때문입니다. 고통에는 반드시 뜻이 있고 고난은 변장된 축복이라고 하지 않습니까?

저는 갑자기 불어닥친 고난 앞에서 욥처럼 하나님 앞에 엎드려 그 폭풍을 견디고 파도를 헤쳐 나가려 몸부림을 쳤습니다. 그러나 주변 사람들의 비난이 들려올 때면 너무나 마음이 아파서 견딜 수 없었습니다. "예수 잘 믿는다고 하더니 그 결과가 무엇이냐? 어쩌다가 저 지경이 되었느냐? 다른 사람보다 복 받고 잘 살 줄 알았더니 오히려 완전히 망하고 말았잖아."

저를 아는 모든 사람들이 비난의 화살을 던지는 것만 같았습니다. 바깥에 나가서 사람들을 만나는 것도 싫고 지금의 현실에서 하루속히 도피하고 싶었습니다. 게다가 제 아내의 방황은 더욱 저를 힘들게 하였습니다. 정신이 나간 사람처럼 거리를 돌아다니고 한동안 마음을 잡지 못하는 것입니다. 첫째 딸은 제 아내의 모든 것이나 다름없었습니다. 저희 가정의 우상이었고 자랑이었으며 희망이었습니다.

그런 금지옥엽 같은 딸을 떠나보냈으니 심정이 오죽했겠습니까? 누가 무슨 말을 해도 위로가 안 되고 죽고 싶은 심정밖에 없었을 것입니다. 태평양 가운데서 태풍을 만나 좌초하고 있는 선박처럼 저희 가정은 서서히 고난의 바다 가운데서 침몰하고 있었습니다. 한순간의 삶의 모든 목표와 꿈을 잃어버린 난파선이라고 할까요. 어떻게 해야 할지, 어디로 가야 할지 아무것도 보이지 않는 막막한 어둠의 바다였습니다.

🌱 절망 끝에서 소강석 목사님을 만나다

교육부에 파견 발령을 받아 서울에 와서 아직 교회도 정하지 못한 상황이었습니다. 그런데 갑자기 가정에 어려움이 닥치면서 더 큰 방황과 혼란을 겪어야만 했습니다. 그때 광주지원교회에서 전도사로 같이 생활했던 홍성준 목사님께서 새에덴교회 소강석 목사님께서 신실한 종이고 능력의 종이니 와서 은혜 받고 위로 받으라고 권면해 주셨습니다.

저는 물에 빠진 사람이 지푸라기라도 잡는 심정으로 전도사님의 권면에 따라 새에덴교회에 가게 되었습니다. 처음 새에덴교회에 갔을 당시만 해도 저희 가정은 완전히 난파된 배와 같고 절망과 좌절의 상태였습니다. 때로는 주님께 왜 이러한 고통을 주셨느냐고, 왜 이런 슬픔을 겪어야만 하느냐고 원망도 하고 방황도 해보았지만 소용없었습니다.

저희 가정은 기쁨이 사라지고 고통과 괴로움, 눈물로 세월을 보냈습니다. 어느 누구 한 사람 저희 가정을 위로해줄 수 없었고 도와주지 못했습니다. 오히려 인간적인 위로가 제게는 더 큰 고통과 괴로움만 안겨줄 뿐이었습니다. 그러나 신앙의 방황은 하나님을 만나면 끝나고 인생의 방황은 좋은 교회와 좋은 목사님을 만나면 끝난다는 사실을 깨닫게 되었습니다.

주님께서는 저희 가정을 불쌍히 여기시고 그 죽음과 같은 절망 끝에서 소강석 목사님이 섬기고 계시는 분당 새에덴교회로 인도하여 주셨습니다. 만신창이가 된 저는 아무런 의욕도 힘도 없었고 갈기갈기 영혼이 찢긴 상태였습니다. 그렇게 상처 입은 저희 가정을 소강석 목사님께서는 너무나 따뜻한 사랑과 위로로 보듬어 주셨고 강력한 영권의 말씀으로 붙잡아 주셨습니다. 소 목사님은 강력한 카리스마와 함께 부드러운 인간의 정을 느낄 수 있는 분이셨습니다.

"장로님, 잘 오셨습니다. 저도 장로님을 뵙게 돼서 너무 반갑고 감사합니다. 앞으로 하나님께서 주실 언약과 축복을 바라보며 함께 걸어갔으면 좋겠습니다. 하나님께서 반드시 복을 주실 것입니다. 장로님을 통하여 다시 가정을 일으켜 세우고 반드시 영광의 가문, 비전의 가문을 세워 주실 것입니다."

저는 소 목사님께서 환하게 웃으며 제 손을 잡아 주실 때, 마치 예수님께서 제 지친 손을 잡아주시는 것처럼 너무나 감사함을 느꼈습니다. 목사님께서는 특유의 친화력과 하나님이 부어주시는 은혜가 느껴졌습니다. 그래서 목사님께서 설교를 하실 때면 맨 앞자리에 앉아서 말씀을 들으며 은혜를 받았습니다. 상처 받은 심령을 위로해 주시고 무너진 가슴에 다시 꿈을 심어주는 말씀을 주셨습니다.

너무나 힘들고 어려운 상황이었기에 더욱더 하나님께서 목사님을 통하여 주시는 말씀이 꿀송이보다 더 달고 귀한 말씀으로 다가왔습니다. 저도 목사님께 감사하는 마음으로 말씀을 드렸습니다.

"목사님, 목사님이 제 인생의 마지막 목사님이요, 새에덴교회가 제 인생의 마지막 교회라고 생각하며 죽도록 충성하겠습니다. 제 모든 것을 다 바쳐 교회와 목사님을 위해 섬기겠습니다."

그렇게 목사님께 말씀 드렸을 때 제 마음이 더 뜨거워지고 사명감으로 불타올랐습니다. 아마 그때 저와 우리 가족은 소강석 목사님을 만나지 못했다면 고난을 이기지 못하고 영원한 나락으로 떨어지고 말았을 것입니다. 아내가 어떻게 되었을지도 모르고, 남은 자녀들도 길을 못 잡고 엇나갈 수도 있었습니다. 그러면 저라고 그 고통을 견딜 수 있겠습니까? 어쩌면 저도 낙심하여 자포자기할 수도 있었을 것입니다.

🌳 아내에게 다가온 생의 마지막 희망

큰딸을 잃은 이후, 가장 큰 충격과 상처를 받은 사람은 아내입니다. 오죽하면 병원에서 실명을 할 수 있다고 말할 정도로 눈물을 흘렸겠습니까? 한동안 정신을 차리지 못하고 방황하고 절망의 늪에서 빠져 나오지 못한 채 죽으려고만 하였습니다. 그토록 큰 슬픔과 고난의 풀무불 속에서 아내 역시 소 목사님의 패자부활선의 삶에 대한 말씀을 듣고 너무 큰 은혜를 받고 힘을 얻었다고 합니다. 마치 야구경기에서 9회말에 스코어 6:3으로 완전히 경기가 패배로 끝나갈 때, 우리 편의 마지막 선수가 만루 홈런을 쳐서 기가 막히게 역전승을 하는 것처럼, 우리도 하나님을 끝까지 붙들고 신뢰하면 패자부활전의 삶을 얻을 수 있다는 것입니다.

자기 인생은 끝났다고 생각하고 절망에 빠져 있던 아내는 그 패자부활전의 말씀을 듣고 다시 무너진 내면에서 힘이 솟아남을 느꼈다는 것입니다. 아무리 우리 가정이 종잇조각처럼 갈기갈기 찢겨졌을지라도 하나님이 다시 힘을 주시면 일어설 수 있다, 다시 만루 홈런을 치면 된다, 이런 희망과 꿈을 가지고 삶의 한 자락 희망을 붙잡았다는 것입니다.

한번은 이런 일도 있었습니다. 대치동 은마아파트에 살 때 아내는 딸을 잃은 슬픔을 이기지 못하고 새벽 2시에 아파트 9층에서 떨어져 죽으려고 했다는 것입니다. 도저히 인생을 살아갈 힘도 없고, 너무 힘들어서 그냥 딸 곁으로 가 버리고 싶었다는 것입니다.

그런데 갑자기 아파트 초인종 소리가 들렸습니다. 그 밤중에 누군가 하고 문을 열었더니 세상에 소 목사님과 정금성 권사님이 심방을 오셨다는 것입니다. 권사님께서 기도하시는 중에 자꾸 제 아내가 잘못된 선택을 하려는 모습이 보여서 그 늦은 밤에 한걸음에 달려오신 것입니다. 정말 아내는 그때 잠을 자지 않고 9층에서 떨어져 죽으려는 마음을 품고 있었던 것입니다.

만약에 그때 하나님께서 소 목사님과 정 권사님을 보내주시지 않았다면 제 아내는 이 세상 사람이 아닐 수도 있었습니다. 세상에 어떻게 이런 일이 있을 수 있겠습니까? 아내는 목사님과 권사님의 기도를 받고 마음이 안정이 되어 다시 일상으로 돌아올 수 있었습니다. 제 평생에 잊을 수 없는 너무나 고맙고 감사한 일이 아닐 수 없습니다.

하나님의 절대주권과 생명나무 신앙으로 다시 일어서다

소강석 목사님께서는 예배 시간마다 끊임없이 하나님의 절대주권과 생명나무 신앙을 강조하셨습니다. 저는 생명나무 신앙을 통하여 주님을 새롭게 만나게 되었습니다.

"그래, 모든 것은 하나님께 달려 있다. 지나간 과거는 하나님도 바꾸실 수 없다. 지금은 나의 이성과 생각으로 이해하기 힘들지라도 선악을 판단하지 말고 무조건 생명을 선택하자. 생명나무 신앙을 붙잡자. 모든 것을 하나님께 맡기고 감사하자."

저는 하나님의 절대주권과 생명나무 신앙을 배우면서 절망의 늪에서 다시 주님의 손을 붙잡고 일어나기 시작했습니다. 지금까지 신앙생활을 잘한다고 했습니다. 교회에서 무조건 아멘파였고 인격적으로 주님을 만났다고 했지만 새에덴교회에 와서 다시 새롭게 하나님을 만난 것 같았습니다. 물론 주님 앞에 거듭난 것은 한 번이지만 제2의 은총을 다시 받은 것처럼, 내 인생에 불어닥친 고난은 아팠지만 그 고난을 통하여 다시 주님을 만나고 새롭게 출발하게 되었습니다.

그리고 얼마 후에, 저는 새에덴교회에서 성도들의 전원 찬성으로 시무장로로 취임하게 되었으며 아내는 권사로 취임 받아 찬양대원으로 섬겼습니다. 딸은 서울에 있는 대학에서 피아노를 전공하고 새에덴교회 3부 찬양대 반주자로 섬기고 아들은 청년대학부 회장으로 열심히 봉사하게 되었습니다. 폭풍이 지나간 후, 우리 가족은 서서히 제자리를 찾고 다시 희망의 돛을 올리고 주님과 함께하는 항해를 시작한 것입니다.

비록 갈기갈기 찢겨진 삶이었지만 하나님은 소강석 목사님을 통하여 알게 된 생명나무 신앙으로 상처를 싸매어주시고 어루만져 주시고 회복시켜 주셨습니다. 사람은 누구를 만나느냐가 중요합니다. 고난 가운데서 원망하고 불평하며 세상으로 나가 버렸다면 도저히 돌아올 수 없는 절망의 절벽 아래로 떨어지고 말았을 것입니다. 그러나 주님께서는 저를 불쌍히 여기셔서 버리지 않으시고 소강석 목사님을 통하여 하나님의 절대주권과 생명나무 신앙을 알게 하시고 다시 일어날 수 있도록 붙잡아 주셨던 것입니다.

저는 결코 한 사람의 주의 종을 신격화하거나 의도적으로 높이려고 하는 것이 아닙니다. 역시 주의 종은 하나님을 소개하는 사람이고 예수님께 안내하는 사람입니다. 인생의 고난과 시련을 만나 죽음과 절망의 고통에 빠져 사는 사람들을 붙잡아서 하나님께 안내하는 사람이요, 십자가의 사랑으로 인도하는 안내자입니다. 그렇지 않으면 길을 잃고 방황하다 저 세상의 차가운 바닥에 쓰려져 죽음의 길로 갈 수 있으니까요. 저는 소강석 목사님을 통하여 하나님의 절대주권과 생명나무 신앙을 알게 되었고 다시 주님의 손을 붙잡고 일어설 수 있게 되었습니다.

예수님의 발아래 앉은 마리아처럼

주님을 새롭게 만나고 가장 많이 변화된 것은 예배를 대하는 자세였습니다. 전에는 교회를 다닌다고 하지만 어쩌면 형식적인 신앙인이었는지 모릅니다. 그런데 새에덴교회 와서 예배를 드릴 때는 제일 앞자리에 앉아서 하나님께서 담임목사님을 통하여 어떤 말씀을 주실까 하며 간절하게 사모하는 마음으로 들었습니다. 마치 마리아가 예수님의 발아래서 말씀을 받으며 은혜를 받은 것처럼 다른 어떤 것보다 예배와 말씀을 사모하는 신앙을 가졌습니다.

광주광역시 교육청 부교육감으로 발령된 후부터 지금까지 16년 동안 지방에서 근무하지만 매주 철야예배, 주일예배 1부에서 5부, 저녁예배까지 모두 참석하여 예배드리고 있습니다. 강대상과 가장 가까운 자리에 앉아서 신령과 진정으로 담임목사님 말씀을 듣고 은혜를 받으며 심령을 뜨겁게 합니다.

새에덴교회에 와서 가장 크게 깨달은 것은 예배가 생명이고 말씀이 축복이라는 것입니다. 예배가 없으면 살 수 없고 말씀이 없으면 빈껍데기에 불과합니다. 그러므로 교회에서 신앙생활을 할 때 가장 중요하게 생각하는 것이 바로 예배와 말씀입니다. 담임목사님께서도 중직자들에게 가장 중요하게 강조하시는 것이 말씀을 듣는 것입니다. 중직자가 봉사한답시고 예배와 말씀을 소홀히 하면 언젠가는 반드시 넘어진다는 것입니다. 그래서 교회 중직자에게 가장 중요한 것은 먼저 예배의 감격이 넘치고 말씀을 생명처럼 사모하는 것입니다.

주일 저녁예배까지 다 드리고 밤 10시 30분에 심야버스로 다시 직장이 있는 지방으로 내려갈 때 마음속에 말할 수 없는 감격과 기쁨이 넘쳐납니다.

"아, 하나님이 베풀어주신 은혜가 얼마나 큰지요. 예배를 통하여 주시는 그 은혜와 감격이 꿀송이보다 더 달고 기쁨이 됩니다. 이렇게 좋은 교회, 좋은 목사님을 만나 생명이 넘치고 축복이 넘치는 신앙생활을 하게 하시니 너무나 감사합니다. 내 평생 예배를 생명처럼 여기며 살겠습니다. 말씀을 사모하며 살겠습니다. 주님의 발아래 앉아 말씀을 사모하였던 마리아처럼 언제나 주의 제단 아래 엎드려 주님의 말씀을 경청하며 살겠습니다."

이처럼 예배를 사모하며 살아가니까 하나님께서 저에게 건강을 주셨습니다. 제가 아무리 본 교회에서 예배를 드리고 싶어도 건강이 허락하지 않으면 어떻게 몇 시간을 버스를 타고 다니면서 예배를 드리겠습니까? 건강이 좋지 않았다면 아마 직장에서 가까운 교회를 다닐 수밖에 없었을 것입니다. 그러나 하나님께서 저에게 건강을 주셔서 본 교회 예배를 한 번도 빠뜨리지 않고 드릴 수 있는 체력을 주셨습니다. 예배를 사모하고 생명처럼 여기는 자에게 하나님은 은혜를 베풀어주십니다. 건강, 물질, 형통의 축복을 주십니다. 이것은 제가 고난의 어둔 터널을 지나면서 직접 몸으로 경험한 살아 있는 간증입니다.

고난 끝에 깨달은 감사와 사랑의 마음

제가 딸을 잃은 고난과 슬픔을 겪고 나서 깨달은 두 가지의 마음이 있습니다. 첫째는 감사입니다. 제 목숨보다 소중한 딸을 잃고 보니 세상에 어떤 어려움이 있고 환난이 있어도 감사하지 않을 것이 없었습니다. 무조건 감사요, 찬송이요, 기쁨이었습니다. 어떤 고난이 닥쳐와도 현실적으로는 감사가 안 되어도 억지로라도 감사를 할 수 있게 되었습니다.

저는 어떤 일이 일어나든지 무조건 하나님께 감사기도를 드립니다. "하나님, 감사합니다. 고난을 주신 것도 감사요, 역경을 주신 것도 감사요, 축복을 주신 것은 더더욱 감사합니다. 모든 것이 감사요, 기쁨입니다. 모든 것을 하나님의 뜻대로 이루어 주옵소서."

살면서 고난과 역경이 다가올 때, 감사기도를 드리면 어느새 마음속에 평안이 찾아오고 기쁨이 찾아오고 평강이 찾아옵니다. 제 일생에 감사하지 못할 것이 없습니다. 그렇게 감사를 하니까 하나님께서 더 큰 위로와 사랑과 은혜를 베풀어주시는 것을 경험할 수 있었습니다. 우리가 살면서 기도와 감사를 드리는 것이 하나님께서 가장 기뻐하시는 일이라는 것을 깨닫게 되었습니다. 어떤 어려운 일이 닥쳐와도 억지로라도 감사를 하면 기쁨이 오고 축복이 옵니다. 감사를 하면 모든 것이 선한 결과를 가져옵니다.

둘째로, 용서하고 사랑하는 마음을 주셨습니다. 저는 딸을 잃은 슬픔을 경험한 뒤로 그 누구도 미워하는 사람이 없습니다. 설사 상대방이 나를 공격하고 욕을 해도 그 사람을 미워하지 않습니다. 그를 위해 기도하고 품고 사랑하면 저의 진심이 그 사람에게 전달되는 것을 느낍니다.

제가 그 사람을 위해서 기도하고 용서하면 상대방에게 그 마음이 전달되어서 공격적인 것이 바뀌고 아름답게 변하는 것을 볼 수 있습니다. 그런데 아무리 내가 그 사람을 용서하고 기도해도 그 사람이 끝까지 받아들이지 않으면 결국 그 사람의 끝이 안 좋은 것을 봅니다. 딸을 잃은 슬픔 뒤로 모든 사람을 용서하고 사랑하는 마음이 생겼습니다.

직장이나 교회에서 어떤 일이 부딪혀도 하나님의 은혜로 감사하게 되고 넓은 마음으로 품고 사랑할 수 있는 마음을 주셨습니다. 나의 인생에 죽음 같은 고난이 닥쳐왔을 때는 너무 힘들고 고통스러웠지만, 감사와 사랑이라는 보석 같은 마음을 깨닫게 해 주셔서 인생을 살아가는 데 큰 도움이 되었습니다.

감사해 보세요. 기적이 일어납니다. 사랑해 보세요. 세상이 줄 수 없는 마음의 평화가 찾아옵니다. 비록 제게 불어닥친 고난의 칼바람은 너무나 쓰라리고 아팠지만 제 마음속에는 감사와 사랑이라는 그 무엇과도 바꿀 수 없는 보석을 소유하게 되었습니다.

🌳 사명자의 울먹거리는 가슴으로!

저의 지나온 삶을 돌아볼 때 교회 생활에서 가장 중요한 것은 말쏨에 은혜 받는 것입니다. 은혜가 없는 신앙생활은 네모난 수레처럼 잘 돌아가지 않습니다. 우리의 모난 성격과 개성들을 주님이 주시는 말씀의 은혜로 갈아서 동그랗게 만들어야 합니다. 그래서 저는 교회생활에서 무엇보다 예배를 사모하며 말씀에 은혜 받는 일에 집중합니다. 그런데 은혜 받은 것으로만 끝나면 안 됩니다. 그 은혜는 반드시 교회 안에서의 사명과 봉사로 이어져야 합니다.

저는 새에덴교회에서 장로회장, 브리스아선교회 회장 등 각종 봉사활동에 헌신하고 충성하기 시작했습니다. 부족한 사람에게 은혜 주신 주님께 감사해서 늘 죄송하고 송구한 마음으로 울먹거리는 가슴으로 사명을 감당하고 있습니다. 그러기 위해서 더욱더 하나님을 왕으로, 주인으로 섬기며 말씀에 은혜 받으려고 합니다. 주일날도 맨 앞자리에 앉아서 1부부터 5부까지 다 드립니다.

누가 시켜서 그렇게 할 수 있겠습니까? 그저 제가 받은 은혜가 감사하고 주님께서 담임목사님을 통해서 주시는 말씀이 꿀송이보다 더 달게 느껴지기 때문에 그렇게 하는 것입니다. 예배를 드리면 드릴수록 영혼이 더 충만해지고 말씀을 들으면 들을수록 새롭고 은혜가 넘치는 것을 경험합니다. 말씀을 사모하는 마음이 떨어지는 순간부터 교회생활도 미지근해지고 형식적으로 변질되다 결국에는 쇠락하고 마는 것입니다. 그러므로 우리는 언제나 하나님의 말씀을 전적으로 사모하며 은혜 받으려고 몸부림을 쳐야 합니다.

또한 자기 혼자만 은혜 받고 하나님과 담임목사님과의 관계만 좋은 것으로 끝나서는 안 됩니다. 그 은혜는 다른 성도님들을 향한 사랑과 봉사로 이어져야 합니다. 특별히 교회 중직자들은 성도의 본이 되고 존경과 사랑을 받을 수 있도록 노력해야 합니다. 항상 낮은 자리에서 이름 없이 빛 없이 섬긴다는 마음으로 교회에서 충성 봉사하는 것이 중직자들의 도리입니다. 부족하지만 하나님 중심, 교회 중심, 담임목사님 중심으로 교회생활하며 성도들을 사랑하고 섬기는 마음으로 사명을 감당하려고 몸부림치고 있습니다.

생명나무 신앙이란 무엇인가?

저는 새에덴교회에 와서 소강석 목사님을 통해 생명나무 신앙을 처음으로 접하였습니다. 원망하고 불평할 수밖에 없었던 상황에서 만나게 된 생명나무 신앙은 삶의 마지막 희망이요, 등불이었습니다. 생명나무 신앙을 붙잡았을 때 원망이 변하여 감사가 되고 한숨이 변하여 찬송이 되었습니다.

생명나무 신앙을 요약하면 다음과 같습니다. 물론 지금은 지정학적, 식물학적인 선악과나 생명나무는 더 이상 존재하지 않습니다. 우리 삶과 신앙의 적용적 측면에서 선악과나 생명나무를 교훈 삼을 수 있습니다.

그렇다면 왜 하나님은 선악과를 따 먹지 말라고 하셨습니까? 선악 판단의 모든 고유권한은 하나님께만 있고 선악 판단의 기준이 하나님의 말씀에 있다는 것을 알게 해 주시기 위함이었습니다. 따라서 에덴동산에서 아담과 하와의 삶은 오직 하나님만 의존하는 삶이어야 했습니다. 그들은 하나님 없이는 못 살아야 했습니다. 이것은 선악 판단의 경우도 마찬가지입니다.

특별히 하나님은 하나님 의존적 삶을 선악과의 계명으로 기준을 두셨다는 것입니다. 그런데 마귀가 아담과 하와를 향하여 하나님 없이도 충분히 살 수 있다고, 하나님 없이도 독립적으로 살며, 선악 판단을 할 수 있다고 유혹한 것입니다. 선악과를 따먹어도 너희는 결코 죽지 않을 것이고 눈이 밝아질 것이라고 말입니다.

그래서 아담과 하와는 선악과를 따먹자마자 하나님 없이도 살 수 있는 존재가 되어버린 것입니다. 그리고 하나님의 생명으로 사는 것이 아니라 선악의 지식으로 살 수 있게 되었습니다. 그러나 그것은 죽음이요, 저주요, 형벌이요, 재앙이었습니다. 그래서 아담과 하와는 에덴의 동쪽으로 쫓겨나서 선악의 지식으로 살고, 선악의 노예로 살아가는 한없는 고통과 저주와 파멸의 삶을 살게 된 것입니다.

그래서 아담과 하와는 다시 뒤늦게 후회하고 에덴동산과 생명나무를 그리워하였지만 에덴동산으로 가는 길을 화염검을 들고 있는 천사가 막고 있어서 돌아갈 수 없었습니다. 아담과 하와는 생명나무를 그토록 그리워하고, 사모하다가, 생명나무를 따먹지 못하고 그대로 죽었습니다.

그런데 하나님은 이런 아담과 하와의 후손들의 열망을 아시고 다시 에덴으로 가는 길을 열어주셨습니다. 그 길이 바로 구약의 성막이고, 성전이었습니다. 그런데 예수님께서 구약의 성전을 무너뜨리고 새로운 성전을 세우셨습니다. 그 새로운 성전은 자신의 몸이었습니다. 그 예수님의 새로운 성전에는 에덴의 구조와 시스템이 다 되어 있습니다. 그러니까 예수님은 새로운 성전이고, 새로운 생명나무로 오신 것입니다.

그래서 칼빈과 어거스틴에 의하면, 예수님은 생명나무의 모형이고 예수님 자신이 생명나무라고 표현했습니다. 그래서 우리가 이 땅에서 오직 예수님의 정신과 사상을 따르고 주님을 더 의지하는 것이 바로 오늘날의 생명나무를 선택하는 것입니다. 다윗이 죽음의 위기를 맞았을 때, 역설적으로 하나님 앞에 낙헌제를 드리겠다고 서원한 것처럼, 고난과 시련 속에서도 하나님을 향한 감사와 순종, 헌신, 사명을 선택하며 다시 일어서는 것이 생명나무 신앙이라는 말입니다.

그런데 우리는 이미 지나간 과거의 고난과 시련을 계속 원망하고 불평하며 선악 판단의 굴레 속에서 살 때가 얼마나 많습니까? 그러나 생명나무를 붙잡고 아멘하고 감사하고 순종하고 충성하면 어느

새 염려와 근심은 사라지고 오히려 고난과 역경 가운데서 더 빛나는 축복의 섬광이 비치기 시작합니다.

어느 주일 저녁, 예배를 마치고 돌아와 주님 앞에 엎드려 깊은 기도를 드리는 중에 하나님의 감동의 말씀이 가슴을 울렸습니다.

"사랑하는 종아, 내가 너와 함께할 것이다. 내가 너의 예배를 기뻐하노라. 그 힘들고 어려운 가운데도 나를 향한 순전한 마음을 지켰으니 내가 너의 가정을 세우고 반드시 축복의 명문 가문을 이루게 하여 줄 것이다. 언제나 생명나무를 붙잡고 살거라. 네 마음속에 선악과의 쓴뿌리를 뽑고 오직 감사, 찬송, 순종, 아멘의 삶을 살거라. 그럴 때 너를 통하여 놀라운 축복과 기적을 이루어 주리라."

예배를 통하여 만난 하나님의 은혜와 축복을 어찌 말로 다 표현할 수 있겠습니까? 형언할 수 없는 은혜요, 불가항력적인 신비로운 은혜였습니다. 그래서 더욱더 하나님만을 붙잡고 예배에 목숨을 걸었습니다. 무엇보다 온전한 생명나무 장로가 되어 살아가려고 몸부림칩니다. 그럴 때 삶의 기쁨이 있습니다. 축복과 형통이 있습니다. 성령 충만과 역전의 은혜가 임합니다. 주님의 제단과 담임목사님을 위해 온전하게 순종하면서 충성, 봉사하며 사는 삶이 얼마나 행복하고 기쁜지 모릅니다. 이 모든 것이 하나님의 은혜요, 섭리였습니다.

그러나 제가 새에덴교회에 처음 왔을 때만 해도 너무나 힘든 상황이었습니다. 그래서 교회에서 말씀을 들을 때는 기쁘고 감격하고 평강이 넘쳤지만 다시 일상으로 떠나 생활할 때는 괴롭고 슬픈 마음이 찾아올 때가 많았습니다. 그런 위기가 찾아오면 더 눈물 젖은 눈동자로 생명나무를 바라보았습니다. 고난에 상처 받은 거친 손으로 생명나무를 붙들었습니다.

무엇보다 감사한 것은, 길을 잃고 방황하는 어린 양 같은 저와 저희 가정을 소강석 목사님께서 참된 목자의 가슴으로 안아주신 것입니다. 목사님은 자그마한 일까지 일일이 살펴주시고 뜨겁게 기도해 주시고 힘과 용기를 주셨습니다. 그리고 정금성 권사님께서도 심방 오셔서 기도해 주시고 위로해 주셨습니다.

아, 제 인생에 새에덴교회와 소강석 목사님을 만나지 못했다면 어떻게 되었을까요? 인생의 거친 폭풍으로 인하여 삶이 갈기갈기 찢긴 채 욥의 슬픔을 안고 버려진 광야에서 주님은 찾아오셔서 손을 붙잡아 주시고 눈부신 가나안의 축복으로 인도하여 주셨습니다. 아, 상처 입은 내 영혼을 사랑으로 안아준 소강석 목사님이여, 갈 길을 몰라 방황할 때 생명나무 신앙의 길로 인도해준 찬란한 약속과 꿈이 있는 새에덴교회여….

2장

가난한 날들의
꿈과 믿음의 꽃씨

🌱 가난 때문에 포기한 대학 진학

저는 예수를 믿지 않는 불신 가정에서 2남 4녀 중 다섯째로 태어났습니다. 5살 때 아버지가 돌아가시고 여동생은 유복녀로 태어났습니다. 홀어머니 슬하에서 가정이 어려워 집에서 8km 떨어진 중학교에 걸어서 통학을 했습니다. 새벽에 일어나 학교에 가고 집에 돌아오면 늦은 시간이기에 공부할 시간이 없었습니다.

그래도 다행히 광주 회사에 다니셨던 큰누나의 도움으로 광주고등학교에 입학하여 졸업을 하게 되었습니다. 그러나 가정 형편이 너무 어려워서 도저히 대학에 진학할 수 있는 상황이 아니었습니다. 그래서 대학 진학을 포기하고 9급 공무원 시험을 준비하였습니다.

가진 것 하나 없고, 대학을 다닐 수도 없는 상황에서 제 인생을 바꿀 수 있는 유일한 길은 공무원 시험에 합격하는 것이었습니다.

"아, 좀 더 부유한 가정에서 태어났다면 나도 대학에 가고 공부를 더 할 수 있을 텐데…. 그래도 포기하지 말고 희망을 갖자. 내 삶을 스스로 개척해 보자. 공부만이 희망이다. 그래야 이 지긋지긋한 가난에서 벗어날 수 있다. 꼭 성공해서 어머니께도 효도하고 행복한 가정을 꾸려 보자."

제가 처한 상황은 가난과 고난의 연속이었지만 포기하지는 않았습니다. 어떻게든지 운명을 극복하고 성공한 인생을 살기 위해서 노력하였습니다. 그래서 정말 열심히 밤낮 없이 공부에 매진하였습니다. 그리고 드디어 총무처에서 시행하는 행정직 9급 공무원 공채에 합격하게 되었습니다. 합격 발표가 났을 때 얼마나 기뻤는지 모릅니다. 하늘을 둥둥 떠다니는 것 같고 꿈을 다 이룬 것만 같았습니다.

공무원 공채에 합격한 후 함평교육청에 근무하면서 어머님을 모시고 생활하였습니다. 지금 생각해도 정말 어렵고 힘든 날들이었습니다. 그러나 한 번도 인생을 포기하거나 좌절하지 않고 가난과 어려움에 맞서며 제 인생을 개척하여 왔던 것 같습니다.

 큰형님의 사업 실패와 방황

공무원 생활을 시작하면서 큰돈을 버는 것은 아니었지만 경제적으로는 어려움 없이 안정적인 생활을 하기 시작하였습니다. 지독한 가난에서 벗어날 수 있는 것만으로도 너무 행복했습니다. 그런데 제가 군대생활을 마치고 제대할 무렵 큰형님께서 사업을 하시다 실패하여 방황하기 시작하셨습니다. 급기야는 가정의 재산을 다 탕진하고 폐렴 4기로 죽음을 기다리고 있었습니다.

공무원 생활하면서 저 혼자 사는 데는 부족한 것이 없지만 형님의 빚까지 책임지며 살아가려고 하니 또다시 너무 힘든 생활이 시작되었습니다. 말단 공무원 월급이 얼마나 되었겠습니까? 그때는 하나님을 믿기 전이지만, 정말 내 삶이 원망스럽기도 했습니다. 가난한 집에 태어나서 대학에 가고 싶어도 못 간 것도 억울한데, 이제 겨우 공무원이 되어 안정적인 생활 좀 해 보려고 했더니 또 형님 때문에 고생하는 것을 생각하니 견디기 힘들었습니다.

그러나 저는 없는 살림이었지만 빚을 내서라도 집안을 살리고 형님을 치료해야겠다고 생각했습니다. 그래서 제가 더 아끼고 근검절약하며 어머니를 모시고 형님을 목포의원 요양원에 입원시켜드리고 치료비를 대며 최선을 다해 섬겼습니다. 형님께서도 제 손을 붙잡고 이렇게 말씀하시는 것입니다.

"동생, 고맙네. 동생도 어려울 텐데 이렇게 치료비까지 대 주고 입원까지 시켜 주니 너무 감사하네. 내가 이 은혜를 잊지 않겠네. 너무 고맙고 미안하네…."

"형님, 무슨 말씀을 그렇게 하세요. 다른 걱정은 하지 마시고 그저 형님 건강부터 챙기세요. 병원비는 걱정하지 마시고 어떻게든지 제가 다 마련해 볼게요. 그리고 어머니도 제가 잘 모실 테니 걱정하지 마시구요. 어서 몸 건강해지셔서 일어나시기만 하세요."

그러던 중 형님은 주님을 영접하여 질병을 깨끗이 치료 받았습니다. 그리고 지금은 85세의 나이인데도 건강한 몸으로 장로가 되어 하나님을 잘 섬기고 계십니다.

아카시아 꽃잎 휘날릴 때 만난 여인

누구에게나 가장 행복하고 아름다운 날들이 있습니다. 제 아내를 처음 만났던 그 순간을 생각하면 지금도 미소가 떠오릅니다. 군에서 휴가를 얻어 중학교 동창이 근무하는 함평 손불초등학교에 갔을 때입니다. 그때 일직을 하고 계시는 선생님과 전화를 할 수 있었습니다.

친구가 그 선생님이 전정숙 선생님이라고 소개를 해주면서 군대에 있으면 외로울 텐데 펜팔이라도 하라고 하는 것입니다. 그래서 저는 설레는 마음으로 그 여선생님께 2년 동안 24통의 편지를 했는데 한 장의 답장도 못 받았습니다. 나중에 알고 보니까 제 친구가 학교에서 인정을 받지 못해서 그 선생의 친구이면 안 봐도 인품을 알겠다고 편지를 뜯어보지도 않고 쓰레기통에 버렸다는 것입니다.

저는 괜히 사내대장부의 자존심이 상한 것입니다. 그래서 도대체 전정숙 선생님이라는 사람이 얼마나 잘나고 똑똑하면 그렇게 많은 편지를 썼는데 답장을 한 번도 안 해 주는지 알아보고 싶었습니다. 그래서 군에서 제대를 한 후 함평 교육청에 복직하였을 때 그 여선생님을 찾아가 보고 싶었습니다. 물론 그때는 형님 병 치료하느라 가정이 어려워 결혼 같은 건 엄두도 못 내고 있을 때였지만, 그래도 도대체 어떤 여선생이 이렇게 콧대가 높은지 무척 궁금했습니다.

그 여선생을 보기 위해 함평 손불초등학교를 찾아갔을 때는 햇살이 따사로운 봄이었습니다. 동산에 아카시아 꽃이 활짝 피어 교실 주변에 흩날리고 있었습니다. 어디선가 풍금 소리가 들려서 서서히 발걸음을 옮겼습니다. 교실에서 하얀 블라우스에 체크무늬 치마를 입은 한 여인이 풍금을 치고 있었는데 그 여인의 모습이 마치 천사처럼 보였습니다. 처음 본 순간 '아 바로 이 사람이 내 사람이구나'라는 생각이 들었습니다.

한눈에 반한 저는 그 여선생님을 몇 번이고 찾아가 만나달라고 했지만 그녀는 저를 만나주지 않았습니다. 그런데 다행히 그 학교 교장선생님께서 저를 좋게 보시고 저에 대한 좋은 말씀을 해주셔서 한두 번씩 만날 수 있었습니다. 서서히 서로를 이해하게 되었고 결혼 약속까지는 하지 않았지만 만나면 반갑고 안 보면 보고 싶은 참으로 사랑하는 사람이 되었습니다.

슬픈 절교의 편지

그러던 어느 날, 그녀에게 편지 한 통이 왔습니다. 당신은 예수 믿지 않는 사람이어서 더 이상 만날 수 없으며, 자신은 교회 전도사님의 소개로 사모가 되겠다는 내용이었습니다. 제 아내의 가정은 불신앙 가정이었지만 초등학교 때부터 예수를 믿어 교편생활을 하면서 교회를 지을 정도로 신실한 신앙생활을 하고 있었습니다. 슬픈 절교의 편지가 온 후에는 더 이상 저를 만나주지도 않고 연락도 없었습니다.

그러나 저는 도저히 그녀를 잊을 수 없었습니다. 너무나 보고 싶고 만나고 싶었습니다. 그녀는 정말 내 사람이라는 생각이 들었습니다. 절대로 포기할 수 없었습니다. 그래서 맨 정신에 찾아갈 용기는 없고 하루는 만취한 채로 그녀의 집을 찾아가기로 했습니다. 그날은

무더운 여름철이었는데 마당에서 모닥불을 피고 계시는 부모님께 무조건 고개를 조아리고 말씀을 드렸습니다.

"따님을 진심으로 사랑합니다. 저와 결혼할 수 있도록 허락해 주십시오. 평생 고생 안 시키고 최선을 다해 사랑하겠습니다. 행복한 가정 이루며 살겠습니다. 효도도 잘 하겠습니다."

그런데 다행이었던 것은 아내 가정은 불신앙 가정이었기 때문에 장모님께서는 그 당시 제 아내가 목사에게 시집가겠다고 하는 것이 너무 싫으셨던 것입니다. 그런데 공무원 생활을 하는 한 남자가 찾아와서 결혼을 허락해 달라고 하니 너무나 반갑고 좋으셨던 것입니다. 그래서 장모님께서 계속해서 아내를 설득하셨습니다.

"내가 보니까 얼굴도 너무 잘생기고 인사성도 좋고 머리도 똑똑한 사람 같다. 다른 데 시집 갈 생각 말고 저 사람하고 결혼해라. 목사 사모 하면 얼마나 가난하게 살고 고생하는지 아니? 너도 철들면 엄마 말 듣기를 잘했다고 생각할 거다. 그러니까 저 사람하고 결혼해라. 알았지?"

그러니까 저를 탐탁지 않게 생각하던 아내도 부모님께 효도하는 마음으로 저를 다시 만나게 되었습니다. 저는 아내에게 확실하게 점수를 얻어야겠다는 마음이 들어서 하루는 아예 아내 앞에 무릎을 꿇고 두 손을 잡고 이렇게 약속을 하였습니다.

"정숙 씨가 정말로 예수님을 잘 믿는다면 나같이 예수 믿지 않는 사람과 결혼해서 예수 믿게 해야 하지 않겠습니까? 정숙 씨가 저와 결혼만 해 준다면 평생 신앙생활 잘하여 나중에 장로도 되겠습니다. 그러면 하나님이 얼마나 기뻐하시겠습니까? 그러니 제발 저랑 결혼해 주세요."

그러자 아내도 서서히 저를 향한 마음의 문을 열기 시작했습니다. 그리고 결국 아내에게 결혼 약속을 받았습니다. 지금 생각하면 그때 아내와 결혼하여 하나님을 만난 것이 축복의 통로였습니다. 저는 지금도 제 평생에 가장 잘한 일은 전정숙 권사를 아내로 만난 것이라고 고백하며 삽니다. 아내를 통해서 하나님을 만났고 축복의 인생을 살게 되었으니 항상 감사하며 살고 있습니다.

결혼 이후, 지키지 못한 아내와의 약속

결혼하고 나서 저는 전라남도 교육청으로, 아내는 광주 시내 초등학교 교사로 발령이 났습니다. 그런데 한 가지 문제가 생겼습니다. 결혼하기 전에 아내의 두 손을 잡고 교회 열심히 다니며 신앙생활 잘하겠다고 했던 약속을 지키지 못한 것입니다. 결혼 이후에도 아내와의 약속을 지키지 않고 잦은 음주와 수석 채취를 하며 하고 싶은 대로 마음껏 생활하며 살았습니다.

사랑하는 사람과 결혼도 했고 공무원으로서 안정된 직장도 있으니 인생이 얼마나 행복했겠습니까? 하루 하루가 즐겁고 세상적으로 부족한 것이 없이 인생을 누리며 살게 되었습니다. 그리고 1남 2녀 자녀도 연년생으로 갖게 되어 남부러울 것 없는 행복한 가정을 이루고 살았습니다.

저는 공무원으로 아내는 교사로 맞벌이 부부 생활을 하며 최선을 다해 바쁘게 살았습니다. 그런데 하루는 결혼 이후에 교회에 가겠다는 약속을 지키지 않는 제가 못마땅했는지 아내가 저를 불렀습니다.

"당신, 내가 결혼만 해 주면 교회 열심히 다니겠다고 하더니 왜 교회 나가지 않는 거예요? 정말 그럴 거예요? 남자가 약속을 지켜야죠."

"알았어. 교회 나갈 거야. 주말마다 일이 있어서 그러는 거니까 잠시만 기다려줘. 당신과 한 약속은 반드시 지킬게."

그런데도 이상하게 저는 그때 아내의 말을 심각하게 듣지 못하고 그냥 알았다고만 얼버무리고 주말이면 다시 수석 채취하러 들로 산으로 돌아다녔습니다. 그렇게 제가 방황하고 있을 때, 아내라도 더 강권적으로 붙잡아 주었으면 좋으련만, 아내 역시 결혼 전보다는 신앙이 점점 나약해져가고 있었습니다. 그저 달콤한 신혼생활에 빠져 생활인으로 탈바꿈되었습니다. 우리 부부는 하나님 안에 거하고 교회 안에 거하는 것이 인생의 참된 행복이요 가정의 축복이라는 사실을 망각하고 있었던 것입니다.

 **"동생, 예수를 믿어야 사네"**

달콤한 신혼생활도 잠시, 자녀들을 낳은 후 아내는 산후 고통으로 인하여 건강이 점점 나빠졌습니다. 심장판막, 위궤양, 악성 빈혈, 뇌경색, 관절염 등 몸이 너무 허약해져서 종합병원에서 처방을 받아 치료를 받아야 했습니다. 한의원에서 비싼 한약을 사서 매월 먹어보기도 했지만 전혀 진전이 없었습니다.

저는 그때만 해도 하나님을 몰랐기 때문에 예수 잘 믿어 장로 되겠다고 서원한 것을 지키지 못하고 방황을 하기 때문에 하나님께서 주신 연단이라는 것을 전혀 생각도 못했습니다. 그렇게 아내와 함께 신앙생활 열심히 하겠다고 하나님 앞에 서원을 하였으면서도 전혀 그 약속을 지키지 않고 세상 일락에만 빠져서 살고 있으니 하나님께서 얼마나 마음이 아프셨겠습니까?

아내뿐만 아니라 저 또한 감기 한번 걸리지 않을 정도로 건강에는 누구보다 자신이 있었는데 갑자기 고통이 찾아왔습니다. 1980년 4월 어느 날 갑자기 허리 부근으로 통증이 오기 시작했습니다. 고통이 너무 심해 땅바닥에 뒹굴다시피 하다가 아내와 함께 병원 응급실로 갔습니다. 모든 검사를 다 마친 의사는 신장결석이라며 수술하면 1주일 후쯤 퇴원할 수 있다고 말했습니다.

그런데 이게 웬일입니까? 수술 후 2개월이 다 되어도 정상 체온으로 떨어지지 않고 열이 더 올라 참을 수 없는 고통에 시달리게 되었습니다. 음식을 먹기만 하면 토하다 보니 몸은 야윌 대로 야위고 수술 부위에서는 계속 소변이 흘러내려 거즈를 15번 정도 갈아주어야 했습니다. 좋은 약은 다 써보았지만 도무지 낫지 않았습니다.

당시 간호사였던 처제가 아내에게 이런 말을 했다고 합니다. "언니, 형부는 아무래도 가망이 없다고 하네. 외과 과장 3명이 머리를 맞대고 협의해 봐도 병명을 알 수 없다는 거야. 어쩔 도리가 없으니 그냥 퇴원하라고 하네."

그야말로 눈앞이 캄캄하고 어떻게 해야 할지 모르는 상황이었습니다. 병명도 알 수 없는 질병 때문에 고통 받으며 하루하루 너무나 힘든 시간을 보내고 있었습니다. 그때 폐병 말기의 질병에서 고통 받다 요양원에서 예수님을 영접한 뒤 건강한 몸으로 주님의 은혜 속에 생활하고 있는 형님이 찾아오셨습니다. 형님께서는 저의 손을 잡고 이렇게 말씀하셨습니다.

"동생, 예수님을 믿어야 사네. 하나님을 섬겨야 동생도 나처럼 치유 받을 수 있어. 하나님 앞에 회개하고 정말 신앙생활 잘하겠다고 기도하소. 한 번만 살려주시면 정말 열심히 하나님 섬기겠다고 기도해 보소. 그러면 하나님이 반드시 치료해 주실 것이네."

"한번만 살려주시면 예수님 잘 믿겠습니다"

형님의 말을 듣고 아내와 결혼하기 전에 했던 서원이 생각났습니다. 저는 아내와 결혼할 때 예수님 영접하고 신앙생활 잘해서 장로되겠다고 약속하였습니다. 그런데 결혼한 이후에는 신앙생활도 하지 않고 세상에서 멋대로 즐기며 살아왔던 것에 죄책감이 들기 시작했습니다. 병상에 누워서 하나님께 매달리기 시작했습니다.

"하나님, 한번만 살려주시면 정말 예수님 잘 믿겠습니다. 신앙생활 열심히 하겠습니다. 치료하여 주세요. 이 병든 몸을 고쳐 주세요."

저는 병원 내 교회에서 간절한 마음으로 병을 고쳐주면 예수님을 믿겠다고 기도했습니다. 그 후 기적적으로 체온은 정상이 됐지만 수술 부위에서는 소변이 여전히 흐르고 있었습니다.

그런데 수술을 집도했던 의사선생님이 무작정 병원에만 있을 것이 아니라 퇴원을 해보라고 했습니다. 이런 상태로 어떻게 퇴원하느냐고 했더니 약이 없다는 것이었습니다. 비타민 C만 먹되 부작용이 있으면 재수술을 하자고 하면서 퇴원을 요구했습니다. 내키지 않았지만 병원에 계속 있어 보아도 특별히 나아질 것이 없을 것 같아 퇴원하기로 결심했습니다.

제가 아프다는 소식을 들은 큰누님이 성경과 간증집을 갖고 오셔서 읽어 보라고 했습니다. 그 책을 읽으면서 많은 은혜를 받았습니다. 또 나보다 더 위중한 환자 간암, 위암, 대장암 환자도 하나님이 함께하시면 믿음으로 병 고침을 받는 것을 보고 성경 복음서를 읽기 시작했습니다.

옛날에는 그저 남의 얘기로만 들리던 기적들이 어느새 내 마음속에 믿음으로 다가왔습니다. 중풍환자와 눈과 귀가 먼 자, 귀신들린 자를 고치신 예수님의 행적을 보고 놀라지 않을 수 없었습니다. 연못에 빠져 죽어가는 사람은 지푸라기라도 잡는다는 옛 속담처럼 그때 아내는 광주지원교회에 나가 기도하면서 목사님께 심방을 부탁했습니다.

심방 오신 목사님께 간증집을 읽으면서 느낀 것을 말씀드리며 간증집회에 가겠다고 했습니다. 그랬더니 목사님께서 예수님의 행적을 믿느냐고 물었습니다. "믿습니다"라고 답하였더니 목사님은 그곳에 가지 않아도 성경 말씀에 나오는 기적을 믿으면 예수님께서 치유해 주신다고 말씀하셨습니다.

그래도 여전히 수술 부위의 차도가 없었습니다. 그런데 설상가상으로 제가 근무하던 고흥교육청으로부터 출근을 안 한 지 3개월이 가까워졌으니 휴직하든지 근무하든지 결정을 하라는 연락이 왔습니다. 더 이상 어떻게 할 수 없는 상황이었습니다. 아무리 몸이 아파도 가정을 이끌려면 출근할 수밖에 없었습니다. 끊어질 듯 아픈 허리를 부여잡고 교회에 나가 엎드려 울며 기도하였습니다.

"하나님, 제가 아픈 몸으로 내일부터 출근합니다. 저를 붙잡아 주십시오. 한 번만 더 기회를 주십시오. 정상적으로 생활할 수 있도록 아픈 환부를 깨끗하게 치유해 주십시오. 그러면 평생 동안 주님을 잘 섬기며 살겠습니다. 주의 교회를 위해 이 몸 바치겠습니다."

그렇게 간절하게 기도한 후 근무를 시작했습니다. 소변이 흐르는 수술 부위의 거즈를 갈아 끼워 가면서 하루 일과를 마치고 집에 돌아오면 다시 기도하였습니다. "하나님, 오늘도 무사히 지켜주신 것에 감사드립니다. 하루속히 치료받을 수 있도록 도와주옵소서. 저를 불쌍히 여겨 주옵소서."

그리고 토요일이면 고흥에서 광주 집에 와서 교회에 나갔습니다. 하나님께 감사헌금을 드리며 감사기도를 올렸습니다. 그러기를 4주 정도 지났을 무렵 수술 부위에서 소변이 그치기 시작했습니다. 병원에서도 포기하다시피 했던 병을 하나님의 은혜로 낫게 된 것이었습니다. 의사들도 어떻게 치료되었는지 설명을 못할 정도로 기적적인 치료를 받은 것입니다. 저는 깜짝 놀라며 하나님께 감사하지 않을 수 없었습니다. 하나님께 무릎 꿇고 감사의 기도를 드렸습니다.

"하나님, 정말 감사합니다. 이제부터 정말 하나님을 잘 섬기며 살겠습니다. 주의 교회를 위해 헌신하며 살겠습니다. 오직 저의 삶의 방향을 하나님께 맞추며 살겠습니다. 저를 지켜 주옵소서. 선하신 길로 인도하여 주옵소서."

그 후 저희 가정은 신앙이 무르익어 가면서 가정의 모든 문제가 쾌도난마처럼 풀리기 시작했습니다. 광주 시내 초등학교에 근무하던 아내도 다음해 시골로 나가야 되는데 광주가 광역시로 승격되는 바람에 계속 근무하는 복을 받게 되었습니다.

"저는 하나님 없이는 살 수 없는 사람이군요"

사람은 왜 고난을 당할 때는 하나님을 찾다가도 상황이 변하고 좋아지면 또 금방 하나님을 잊어버리는 것일까요. 저는 몸이 건강해지고 정상적인 생활이 가능해지자 다시 신앙이 식어지기 시작했습니다. 광주로 발령을 받고 몸도 다시 건강해졌지만 다시 세상에 빠져 술도 마시고 일요일이면 예배는커녕 수석을 채집하기 위해 산으로 들로 배낭을 메고 돌아다녔습니다.

아내는 저의 이러한 모습을 보고 다시 걱정하기 시작했습니다. "당신, 하나님이 병 고쳐 주니까 또다시 방황하고 교회를 안 나가는데 왜 그러세요? 그러다가 다시 고난이 닥쳐오면 어떻게 하려고 해요. 어서 같이 교회 가요."

아내의 거듭되는 애원에도 불구하고 저는 말을 듣지 않았습니다. 아내는 항상 시름시름 아프고 아이들도 찬바람만 불었다 하면 감기에 걸리는 등 우환만 계속돼 집에 들어가기도 싫고 집에 가면 불평만 쌓여갔습니다. 자연히 감사하는 생활이 없고 기쁨과 즐거움도 찾을 수 없었습니다.

방황이 길었던 탓일까요. 어느 날 다시 신장 부위에서 통증이 느껴지기 시작했습니다. 처음 아팠을 때보다 더한 통증이었습니다. 그래서 다시 병원에 입원했습니다. 그런데 이게 웬일입니까. 검사를 마친 의사가 신장에서 방광으로 소변이 흐르지 않는다며 특별검사를 한 후 수술을 하자고 하는 게 아닙니까?

그날 큰누님이 병원에 오셔서 목사님 한 분을 소개해주었습니다. 그 목사님은 교회개척을 위해 40일 금식기도를 하신 분으로 당시 골방 집회를 인도하고 있었는데 누님은 그분의 안수를 받아보라며 장소를 알려주고 갔습니다.

그날 오후 점심시간 중에 저는 아무에게도 말하지 않고 간호하는 아내와 같이 소개받은 목사님의 골방 집회에 참석했습니다. 집회를 마치고 안수기도를 받았을 때 저는 성령님께 사로잡힌 몸이 되었습니다. 입이 열리면서 주님을 부르기 시작했습니다. 눈물 콧물이 뒤범벅이 된 채 회개하며 "주여! 주여! 주여!"를 목이 터지도록 외치며 나뒹굴었습니다.

제 몸을 스스로 억제할 수 없는 순간들이었습니다. 그 이후 아픈 통증은 사라졌고 병원에 돌아왔을 때 간호원이 "미안하다"는 말부터 했습니다. "왜 그러냐"고 물었더니 위급한 사정이 있어서 저의 특별검사 스케줄이 내일로 연기됐다는 것이었습니다. 다음날 특별검진을 한 의사는 깜짝 놀라며 "물도 잘 흐르고 아무 이상이 없으니 퇴원해도 괜찮다"고 말했습니다. 그때의 기쁨은 이루 말할 수 없었습니다.

저는 병원을 나오면서 다시 한 번 하나님께 고백하였습니다.

"아, 하나님, 저는 정말 하나님 없이는 살 수 없는 사람이군요. 하나님께서는 정말 저를 사랑하시는군요. 하나님께서 저를 꼭 사용하실 곳이 있으셔서 이렇게 연단하시는군요. 하나님, 이제 다시 한 번 하나님을 붙잡겠습니다. 하나님의 일을 위해 살겠습니다."

하나님의 은혜로 저는 신장병과 디스크로부터 건강을 회복했습니다. 이후 다시 아픈 통증이 다가올 때는 하나님께서 저를 사랑하시기 때문에 연단하시는 것으로 믿고 회개하고 기도했습니다. 돌이켜보면 제가 늘 건강했더라면 저의 성격과 교만으로 미뤄보아 세상의 세속적인 가치에 영합해 하나님께 등을 돌리고 방황하였을 것입니다.

또 부족함 없이 살게 해주셔서 헌물 봉사를 하고 싶을 때에는 인색하게 하지 않고 온 힘을 다해 힘껏 하였습니다. 돈이 많이 있어도 봉사할 수 있는 은혜를 하나님께서 저에게 주시지 않았다면 아까워서 못할 것입니다. 그래서 저는 항상 찬송가 370장을 즐겨 부릅니다.

> "어둔 밤 쉬 되리니 네 직분 지켜서
> 찬 이슬 맺힐 때에 즉시 일어나
> 해 돋는 아침부터 힘써서 일하라
> 일할 수 없는 밤이 속히 오리라."

🌱 집터를 팔아 드린 교회 건축 예물

　광주지원교회 1차 교회 증축을 앞두고 부흥집회가 있었습니다. 초청설교를 하러 오신 당시 이리중앙교회 김규섭 목사님이 "교회를 지을 때 어느 누구든 하나의 밀알이 되지 않으면 안 된다"고 말씀하셨습니다. 저는 기도 중에 십자가를 지기로 결심하고 집터를 팔아 그 일부를 헌금하면서 기도했습니다. "하나님, 저의 집터를 팔아 교회 건축 예물로 드립니다. 대신 하나님께서 저의 집터를 예비해 주십시오. 더 큰 축복으로 보상하여 주옵소서."

　그때 토지개발공사 측에서 택지를 마련할 주택용지 추첨이 있었는데 하나님께서는 20대 1의 높은 경쟁 속에 당첨되는 기쁨을 안겨 주셨습니다. 교회 증축은 3억 원에 가까운 공사였는데 처음 공사비가 3,000만 원밖에 없어 고생했으나 결국 빚 한 푼 지지 않고 완공할 수 있었습니다. 계획은 사람이 세우지만 시행은 하나님께서 하시는 것임을 깨닫고 하나님의 능력과 은총에 감사하지 않을 수 없었습니다.

성전 건축 이후 저희 가정은 역대상 4장 10절의 "야베스가 이스라엘 하나님께 아뢰어 이르되 주께서 내게 복을 주시려거든 나의 지역을 넓히시고 주의 손으로 나를 도우사"라는 말씀과 같이 물질적인 축복을 받아 교회 근처에 51평의 아름다운 아파트를 마련할 수 있었습니다. 매순간 저의 작은 신음에도 응답하시는 주님임을 또 한 번 깨달았습니다.

잠언 10장에서 지혜로운 아들은 아비를 기쁘게 한다고 했듯이 아이들도 너무나 예쁘고 건강하게 잘 자라 주었고 공부도 잘하여 큰딸 지혜는 서울대 법대에 합격하여 부러울 것이 없을 정도로 큰 복을 받았습니다. 직장에서도 제가 일하고 싶은 자리로 발령을 받고 승진도 남보다 빨랐습니다. 그리고 남에게 인정받고 존경받으며 살아가고 있었습니다.

목사님께서 심방을 하실 때 저희 가정에 "선 줄로 생각하는 자는 넘어질까 조심하라"는 말씀을 주시며 항상 교만하지 말고 겸손히 하나님께 순종하며 살아가야 한다"고 가르쳐 주셨습니다. 그런데 어려움 없이 모든 일이 잘되어 가는 것이 하나님께서 저와 함께하시고 인도하시기 때문인 것을 모르고 제가 잘해서 잘된 것으로 착각하고 주님께 순종하지 못하고 교만하며 내 뜻대로 살기 시작했습니다.

🌳 주일예배에 소홀할 때마다 찾아오는 신장과 허리 통증

1987년 사무관 시험을 앞두고 심적인 부담이 컸습니다. 낮에는 사무실에서 일하고 밤에는 도서관에서 공부하는 강행군이 계속됐습니다. 주일날이면 교회 가는 시간마저 아까워 아내에게 가까운 교회에 들러 낮 예배만 잠깐 드릴 테니 십일조와 감사헌금은 직접 내라고 말했습니다. 시험 끝날 때까지만 그렇게 하겠노라고 생각했습니다.

그러던 어느 월요일 아침, 출근하려는데 신장과 허리 부분에 또다시 통증이 오는 것을 느꼈습니다. 일어날 수도 걸을 수도 없었습니다. 한약방에 가서 약을 지어 먹으려다가 '약을 먹으면 무슨 소용이 있겠느냐'는 생각이 들어 다시 하나님께 기도하기로 결심했습니다. 아무런 일이 없을 때는 찾지 않다가 고통이 생겨야 하나님께 매달리는 초보적인 신앙이었던 것입니다.

목사님의 기도도 받고 또다시 회개하며 새벽 제단을 쌓기 시작했더니 점점 그 아픔은 사라지기 시작했습니다. 새벽 제단을 쌓으며 하나님께 '오늘도 붙잡아 주시며 당신의 영광만을 나타내게 해 달라'고 기도하며 공부를 시작했을 때 건강을 지탱할 수 있었습니다. 그래서 주일에는 아무것도 하지 않고 오직 주님만을 생각하며 지냈습니다.

시험 볼 때까지 기도하는 마음으로 약 한 첩 먹지 않고 하루 14시간을 꼬박 앉아서 공부했습니다. 그때 지혜의 문을 열어 주시는 하나님을 체험했습니다. 인간이 스스로 높아져 교만하고 강하다고 생각할 때 하나님께서 낮추시고 겸손하게 하십니다. 반대로 하나님 앞에 겸손히 나아가 엎드리면 오히려 모든 것을 이루어주신다는 것을 깨닫게 되었습니다.

하나님께 온전히 맡기는 심정으로 안수기도를 받고 시험을 치렀는데 좋은 성적으로 합격했습니다. 이 모든 것을 생각할 때 시련과 기쁨을 함께 주시는 하나님께 감사드리지 않을 수 없었습니다.

🌱 교육부 파견을 받아 상경하다

사무관시험 합격 후에 광주직할시 교육청 중요 보직에서 근무하면서 서기관에 승진되어 공보담당관, 행정과장, 총무과장 중요보직을 거친 후, 국장 승진을 위해 기도하고 있었습니다. 그때 교육부에서 지방교육청 국장 승진을 희망하는 사람은 각 시도 교육청에서 1명씩 1년 동안 교육부에 파견하여 교육부 내의 업무도 파악하고 교육부 직원들과 친교를 위해 수습과정을 신청하라는 공문이 내려왔습니다.

제 아내가 서울 시내로 발령을 받으면 교육부에 파견하기로 협의하고 파견을 신청하였습니다. 아내도 서울 시내 원당초등학교에 발령을 받게 되어 저는 교육부에 파견 발령을 받아 지방교육 자치과에 파견되어 수습과정으로 교육부 장기 발전계획팀에 합류하여 일을 하게 되었습니다.

저는 51세 은퇴해야 할 나이에 교육부에 파견을 받았는데 16개 시도에서 저 혼자 파견 근무를 신청하였습니다. 사람들은 주어진 환경에서 근무하려는 습관이 있어 환경의 변화를 싫어하는가 봅니다. 그러나 하나님께서는 아브라함과 모세를 늙은 나이에 애굽에서 가나안 땅으로 인도하신 것처럼 저를 늙은 나이에 광주를 떠나 서울로 이주하여 근무하게 하신 것입니다. 이 또한 하나님의 놀라운 섭리와 깊은 뜻이 있었다고 생각합니다.

저는 관리국장 승진을 위해 교육부 1년 파견발령을 받았고 아내는 서울 시내 교사로 발령을 받았습니다. 그 당시 큰딸은 서울 법대 4학년 재학 중이므로 사법고시 뒷바라지를 하고 둘째 딸은 서울에서 재수를 하고 있고 막내아들은 군입대하기 위해 휴학을 하고 있었습니다.

어느 것 하나 부족한 것 없는 너무나 좋은 조건이었고 모든 것이 하나님의 축복이고 인도하심이었습니다. 그리고 온 식구가 서울에 다 모여서 생활한다는 것이 얼마나 기쁘고 감사할 일인데도 저희 가정은 감사하지 못하고 모든 식구가 불만과 불평이 많았습니다. 무엇보다 믿음 생활을 잘하지 못하고 있었습니다. 서울에 올라와서 교회도 정하지 못하고 주일에는 광주에 내려가 광주교회를 섬기고 있었습니다.

3장

생명나무 믿음으로
약속의 성전 건축
선구자가 되어

🌳 모압에서 모든 것을 빼앗긴 나오미처럼

교육부 파견 발령을 받아 서울로 올라온 것이 저에게는 축복인 줄 알았는데 상상할 수도 없는 고난이 시작될 줄은 꿈에도 몰랐습니다. 첫째 딸을 잃은 것입니다. 그때 만약 새에덴교회와 소강석 목사님을 만나지 않았더라면 저와 저희 가정은 완전히 고통과 절망의 나락으로 추락하였을 것입니다. 하지만 하나님께서는 저를 불쌍히 여겨주시고 참된 은혜와 생명력, 축복과 언약이 가득한 새에덴교회로 인도하여 주셨습니다.

딸을 잃은 슬픔 가운데 빠져 있는 저를 하나님께서는 2개월 동안 잠을 재우지 않고 계속해서 기도하게 하셨습니다. 밤마다 너무나 가슴이 뜨거워서 잠을 잘 수가 없었습니다. 계속 방언 기도가 터지면서 회개와 감사와 찬양과 영광의 기도가 쏟아져 나왔습니다. 얼굴은 눈물로 범벅이 되었고 기도하고 찬양하고, 찬양하고 기도하며 밤을 지새웠습니다. 그때 하나님께서 뜨거운 성령의 불길로 가슴을 뜨겁게 빛으로 비추며 감동을 주셨습니다.

"사랑하는 아들아, 소강석 목사는 내가 사랑하는 종이다. 소강석 목사를 통하여 너희 가정에 드리운 먹구름이 걷히고 다시 하늘 문이 열리게 될 것이다. 네가 물 가운데로 지날 때에 물이 너를 침몰하지 못할 것이며 네가 불 가운데로 지날 때에 불꽃이 너를 사르지도 못하게 할 것이다. 이제, 오직 나의 언약과 축복 안에서 너를 지키고 보호하여 주리라.

내가 아브라함에게 복의 근원이 되리라 약속을 한 것처럼 네가 어디를 가든지 반드시 내가 너와 동행하며 복의 전달자로 사용하여 주리라. 또한 남은 그루터기와 같은 너의 자녀들을 통하여 내가 어떻게 너의 가정을 영광의 가문, 축복의 명문 가문으로 세우는지 반드시 보여줄 것이다. 자자손손 더 크고 위대한 복을 흐르게 하며 나의 이름을 존귀하게 하며 영광을 드높이는 일에 사용하리라."

저는 주님의 약속의 말씀이 너무나 감사해서 방바닥을 뒹굴며 회개하고 또 회개하고 감사하고 또 감사하며 눈물을 쏟았습니다. 기도하고 또 기도해도 기도가 그치지 않았습니다. 찬송하고 또 찬송해도 찬송이 그치지 않았습니다. 얼마나 감격스럽고 은혜가 넘치든지 저의 모든 영육을 다하여 하나님께 기도하고 또 기도하였습니다. 그렇게 모든 것이 하나님의 은혜로 회복되고 치유될 수 있었습니다.

저는 그때부터 무조건 하나님 중심, 교회 중심, 담임목사님 중심의 신앙생활을 하기 시작하였습니다. 그래서 목사님의 말씀이라면 무조건 순종하였습니다. 목사님께서는 대통령 자문 새교육 공동체 과장으로 파견을 받아 근무하고 있는 저에게 관리국장으로 가지 말고 차라리 교육부 과장으로 발령받아 광주 부교육감으로 승진을 해서 가라고 말씀을 하시는 것입니다. 사실 그때 관리국장으로 갈 수 있는 기회가 왔는데 갑자기 그런 말씀을 하시니까 조금 혼란이 왔습니다. 저는 담임목사님 말씀이 현재 교육부 시스템으로 봐서는 이루어지기가 어렵다고 생각했습니다. 교육청과장이 교육부 과장으로 발령 받은 일은 지금까지 없었고 불가능한 일이었기 때문입니다.

그러나 저는 담임목사님께 감사하다고 하였습니다. 사실 그때 제 심정은 룻기에 엘리멜렉이 베들레헴에 흉년이 들어 아내와 두 아들을 데리고 모압 지방에 거류하면서 두 아들을 결혼시켜 살고 있었는데, 자기 자신도 죽고 두 아들마저 죽고 아내인 나오미 혼자 모압 지방에 들어가는 심정이었습니다.

저는 광주광역시 교육청 관리국장으로 가지 않고 대통령자문 새교육공동체 과장으로 파견 발령을 받아 근무하게 되었습니다. 거기에 근무하시는 위원님들이 교육계의 명성 있는 분들이 모여서 교육의 정책을 마련하고 교육부에 자문하는 기관이므로 서울대 교육학 교수인 이돈희 교수님을 위원장으로 모시게 되었습니다. 하나님께서는 소강석 목사님을 통하여 축복의 신호를 주셨고 제 앞에 펼쳐질 찬란한 약속과 축복의 밑그림이 서서히 그려지기 시작하는 순간이었습니다.

"두 자녀를 그루터기 삼아 찬란한 약속을 이루어 주리라"

새에덴교회와 소강석 목사님을 만난 이후에 저의 삶은 변화되기 시작하였습니다. 가정도 안정을 되찾고 저의 삶도 축복과 형통의 삶으로 변화되기 시작했습니다. 두 자녀들도 자신의 자리에서 최선을 다하며 꿈을 찾아가고 있었습니다. 그때 저는 마태복음 10장의 말씀이 생각났습니다.

> "참새 두 마리가 한 앗사리온에 팔리지 않느냐 그러나 너희 아버지께서 허락하지 아니하시면 그 하나도 땅에 떨어지지 아니하리라 너희에게는 머리털까지 다 세신 바 되었나니 두려워하지 말라 너희는 많은 참새보다 귀하니라"(마 10:29-31).

큰딸을 잃고 하나님을 원망하고 불평하는 마음이 생겨올 때마다 엎드려서 기도하였습니다. 2개월간 하루에 2시간 정도 잠을 자면서 하나님과 철저하게 독대하며 기도하고 또 기도하였습니다. 깊은 기도 속으로 들어가자 가슴이 뜨거워지고 찬란한 약속의 빛이 비추기 시작했습니다.

모세가 모든 것을 잃고 광야로 쫓겨났을 때, 떨기나무 가운데 타는 불꽃으로 임하신 하나님께서 저에게도 찾아와 주셨습니다. 위로와 치유의 성령께서 저의 온몸과 마음을 타오르는 불처럼 뜨겁게 하셨습니다. 몸이 불덩이처럼 뜨거워지고 심령이 성령충만으로 활활 타올랐습니다. 마침내 캄캄한 절망과 고통의 삶 속에 이 세상의 어떤 빛과도 비교할 수 없는 눈부신 빛과 함께 찬란한 약속을 보여 주셨습니다.

"사랑하는 아들아, 네가 알지 못하는 신비한 섭리와 원대한 계획에 따라 너의 딸을 데려갔는데, 왜 나를 원망하느냐. 너를 향한 찬란한 약속과 축복의 때가 되었기에 너의 딸을 나의 품으로 안았는데, 왜 울며 탄식하고 있느냐. 나는 너를 구원하기 위하여 하나밖에 없는 나의 독생자 예수를 십자가에 달려 피를 흘리며 죽게 하지 않았느냐. 그래도 너에게는 두 자녀들이 남아 있지 않느냐."

하나님의 위로와 책망이 동시에 가슴에 감동으로 임하였습니다. 그리고 드디어 저를 향하신 찬란한 약속의 빛이 임하였습니다.

"이제 내가 새에덴교회 소강석 목사를 통하여 너희 가정에 닫혔던 하늘 문을 열어주리라. 재앙과 저주의 어둠이 물러가고 찬란한 약속과 축복의 빛이 너를 비출 것이며 남아 있는 두 자녀를 그루터기 삼아 담장 너머로 뻗은 나무들처럼 푸른 열매들이 무성하게 자라게 할 것이다.

너희 가문은 나의 영광을 드러내는 영광의 가문, 축복의 가문으로 쓰임 받을 것이며 반드시 너의 자손들을 통하여 나의 영광의 빛이 찬란하게 비추게 될 것이다. 내가 반드시 너를 다윗처럼 쓸 것이며 자손만대 형통한 축복을 주며 세계 민족 위에 뛰어난 명문가문을 이루게 해 주리라."

기도 가운데 십자가에 달려 피 흘리시는 주님께서 저를 어루만져 주시며 위로해 주시는 것을 느낄 수 있었습니다. 그 주님을 붙들고 얼마나 울었는지 모릅니다. 그 주님의 사랑을 통하여 힘을 얻었을 때 하나님께서 저에게 찬란한 약속의 빛으로 임하신 것입니다.

"그렇습니다. 하나님, 절망을 딛고 일어나 찬란한 약속을 붙잡겠습니다. 남은 두 자녀를 그루터기 삼아 반드시 위대한 가문을 이루어주신다는 하나님의 찬란한 약속을 붙잡겠습니다. 오직 주님의 사랑과 은혜만을 의지하며 살겠습니다. 제게 다시 힘을 주십시오. 저희 가정을 일으켜 주십시오."

하나님께서는 저와 저희 가정을 새에덴교회로 인도해주시고 새로운 약속과 큰 복을 주셨습니다. 새에덴교회는 분당 구미동에 교회를 건축한 지 5년이 되어 헌당을 하게 되었습니다. 그 당시는 IMF가 터져서 전국에서 수많은 교회들이 성전 건축을 하려다가 부도가 나고 경매에 넘겨지는 경우가 많았는데, 새에덴교회는 유일하게 헌당까지 하게 되는 놀라운 헌신과 부흥의 역사를 일으켰습니다.

그런데 하나님께서 담임목사님께 더 큰 교회를 지으라는 감동을 주셨습니다. 그리고 저에게도 성전 건축을 위해 불쏘시개가 되고, 담임목사님의 목회 사역과 선교 사역을 위해 선교기금을 마련하는 중보자 역할을 하라는 감동을 주셨습니다. 이제 지난 과거의 고난과 시련의 어두웠던 시간들이 지나가고 하나님이 주시는 찬란한 약속과 축복의 서광이 비치기 시작했습니다.

브리스아선교회의 시작

저는 절망과 죽음의 골짜기를 지나는 것처럼 너무나 힘든 상황 속에서 새에덴교회에 왔는데, 어느새 고난의 골짜기를 지나 축복의 들판, 은혜의 꽃길을 걷고 있었습니다. 새에덴교회에서의 신앙생활이 너무 감사하고 행복했습니다. 매 예배 시간이 감격이요 기쁨이요 성령 충만이었습니다. 너무 감사한 마음에 목사님을 찾아가 인사를 드렸습니다.

"목사님, 하나님께서 목사님의 기도로 우리 가정에 하늘 보좌가 열렸다고 하시네요. 너무 감사합니다. 목사님은 저의 생명의 은인이요, 저희 가정의 축복의 통로자가 되어 주셨습니다. 제 모든 것을 다 바쳐서 교회와 목사님을 위해서 충성하겠습니다."

소강석 목사님께서도 점점 회복되어 가는 저희 가정을 보시면서 너무 행복해 하시고 더 많은 위로와 사랑을 베풀어 주셨습니다.

"장로님, 모든 것이 하나님의 은혜이지요. 장로님께서 하나님만을 바라보고 섬기시니까 하나님께서 약속을 주시고 보살펴 주시는 것이 아니겠습니까? 저도 부족하지만 앞으로도 장로님을 위해서 더 기도하겠습니다. 힘내세요. 하나님이 장로님과 함께하십니다. 반드시 장로님을 앞으로 더 높여주시고 장로님의 가정을 축복의 명문가문으로 일으켜 세워 주실 것입니다."

"목사님, 또 한 가지 말씀 드릴 것이 있습니다."

"예, 무슨 말씀인가요?"

"하나님께서 목사님을 도와 성전 건축을 하라고 하시네요."

"아, 하나님께서 장로님께도 감동을 주시던가요? 저에게도 약속을 주시고 꿈을 주셨습니다. 저도 이미 하나님께 응답을 받았지만 구미동 성전을 지어 헌당한 지 얼마 안 되었는데 아직 성도들에게 선포하기에는 이른 것 같아 기도하며 기다리고 있는 중입니다. 장로님께서도 계속 기도해 주십시오."

"예, 목사님 곁에서 언제나 기도하며 섬기겠습니다."

그리고 저는 기도 가운데 감동을 받은 또 한 가지 사실을 말씀드렸습니다.

"목사님, 새에덴교회 성도들 중에 사업을 하는 성도들을 중심으로 담임목사님의 사역을 물질적으로 돕는 조직을 만들고 싶습니다. 사도 바울을 위하여 목이라도 내어 줄 심정으로 후원하고 도왔던 브리스길라, 아굴라처럼 담임목사님을 위해서 평생 기도하고 후원하는 선교회를 섬기고 싶습니다. 목사님께서 광주신학교 다니실 때 너무나 가난하고 어려워서 많이 도움을 받고 다녔으니까 이제는 어디 가든 따뜻하게 베풀고 섬길 수 있도록 힘을 모아 도우라는 감동을 주십니다."

"하나님께서 장로님을 통하여 정말 아름답고 큰일을 계획하시나 봅니다. 그럼 장로님께서 맡아서 한 번 해 보세요."

이렇게 해서 1999년부터 브리스아선교회(실업인)가 시작되었습니다. 그 후로 제2브리스아선교회(직장인)가 조직되어 더 활발하게 담임목사님의 목회 사역을 지원하고 있습니다. 소강석 목사님은 개교회 사역에만 머물지 않고 한국교회와 민족을 섬기는 일에 앞장서고 계십니다. 무엇보다 반기독교 세력의 공격과 정서를 막아내고 한국교회를 지키는 일에 목숨을 건 목사님이십니다. 그래서 기도로 물질로 뒤에서 후원하고 섬기는 사람들이 반드시 필요합니다.

그런 의미에서 브리스아선교회는 담임목사님의 사역을 돕기 위해 목이라도 내어 놓겠다는 일사각오의 마음으로 최선을 다해 섬기고 있습니다.

> "너희는 그리스도 예수 안에서 나의 동역자들인 브리스가와 아굴라에게 문안하라 그들은 내 목숨을 위하여 자기들의 목까지도 내놓았나니 나뿐 아니라 이방인의 모든 교회도 그들에게 감사하느니라"(롬 16:3-4).

이 모든 것이 하나님의 은혜이고 축복입니다. 좋은 교회를 만나면 인생의 방황이 끝나고 좋은 목사님을 만나면 신앙의 방황이 끝난다는 말이 있듯이 새에덴교회는 하늘 문이 열려 있는 교회이며 말씀과 은혜가 풍성한 교회이며 축복과 기적이 있는 교회입니다. 또한 생명나무 신앙과 로드십, 신정주의로 무장한 교회입니다.

🌳 성도들의 눈물로 빚은 새성전 착공

새에덴교회 성전 건축을 위해 모든 성도가 한마음이 되어 기도하며 헌신하고 희생을 다짐하였습니다. 그 후로 죽전 개발지구 내에 토지공사에서 개발한 2,000평 부지를 확보활수 있게 됐고 2개월여 만에 82억 원의 부지대금을 완납해야 했습니다. 저는 어떻게든지 성전건축을 위해 쓰임 받고 싶었습니다.

장로로서 어떻게 목사님을 도울까 생각하고 목사님께 허락받은 후 시간만 나면 근무 중에라도 성도들에게 전화를 걸어 건축헌금에 적극 참여할 것을 독려했습니다. 때로는 만나기도 하고 밤늦게 심방하면서 주로 건축헌금에 부정적이거나 소극적인 사람들을 설득했습니다.

"우리가 약속의 성전 프라미스 콤플렉스를 위하여 눈물로 씨를 뿌리면 반드시 하나님이 기쁨으로 단을 거두게 하실 것입니다. 우리의 자녀들을 통일한국시대 민족의 지도자로 세우시고 세계 민족 위에 뛰어난 명문 가문을 이루게 하실 것입니다. 그러니 함께 헌신에 동참합시다. 하나님의 약속을 붙잡고 눈물로 씨를 뿌립시다."

목사님이 아닌 장로 입장에서 설득하니까 그 설득이 생각보다 호소력이 있었습니다. 뿐만 아니라 처음에는 부정적이던 성도들이 감동까지 받았습니다. 그래서 많은 사람이 이 일에 동참했을 뿐 아니라 교회 전체 분위기가 너무나 좋은 가운데 그 많은 토지대금을 두 달 만에 완납할 수 있었습니다. 어떤 교회는 목사님이 하는 일을 장로들이 반대하거나 소극적인 경우가 있다고 하는데 장로가 나서서 목사님 사역을 도우니 '이렇게 교회가 은혜스러울 수 없구나' 하고 새삼 깨닫게 되었습니다.

사실 저는 돈이 많은 재력가는 아니지만 성전건축을 위하여 성도들의 마음을 하나로 묶는 데 미말의 종으로 쓰임을 받은 것입니다. 담임목사님께서 아무리 유능하고 설교를 잘하고 리더십이 있어도 어느 교회나 건축할 때는 몇 프로의 안티가 있을 수 있습니다. 그러나 새에덴교회는 자랑이 아니라, 정말 성전 건축하면서 단 0.1%의 안티 없이 모두 한마음이 되어 은혜 가운데 건축할 수 있었습니다.

저는 틈만 나면 성도들에게 전화했고 새벽과 밤으로 심방을 했습니다. 그래서 교회를 짓는 동안 단 한 명도 나가지 않았습니다. 그 당시 82억 원이면 적은 돈이 아니었습니다. 그런데 하나님의 은혜로 2달 만에 완납할 수 있었고 갑절로 부흥할 수 있었습니다. 부족하지만 하나님께서 그 영광스러운 성전 건축을 위하여 마른 막대기와 같은 저를 쓰신 것입니다.

만약에 딸을 잃지 않았다면 저는 틀림없이 광주로 내려가서 광주 교육청 관리국장으로 끝났을 것입니다. 그런데 하나님께서 붙잡아서 새에덴교회를 세우는 데 벽돌 한 장으로 쓰신 것입니다. 무엇보다 성전건축에 앞장선 제가 하나님의 은혜로 고속 승진을 계속하니까 성도들에게도 모범이 되고 귀감이 되었습니다. 성전을 건축하는 데 안티가 생기면 어떻게 목사님께서 일일이 케어를 하고 해결을 하겠습니까?

자칫 잘못하면 교회 지으면서 파당이 생기고 급기야는 교회가 깨지는 경우가 허다하지 않습니까? 그러나 하나님 앞에 진실되게 말할 수 있는 것은 새에덴교회를 건축하면서 사람도 나가지 않고 오히려 갑절의 부흥을 하였다는 것입니다. 먼 곳으로 이사를 가서 나간 사람은 있지만 시험에 들거나 반대를 해서 나간 사람은 없었습니다.

이 일에 하나님께서 저를 써 주신 것을 생각하면 지금도 가슴이 벅차고 감사의 눈물이 흘러내립니다. 이 일 때문에 하나님께서 딸을 데려가셨다고 말할 수는 없지만, 딸의 죽음으로 오히려 저는 하나님을 더 깊이 만나고 하나님의 성전 건축을 위하여 모든 것을 바쳐 충성할 수 있었습니다. 새에덴교회는 건축착공 시에도 좋은 건축회사를 하나님께서 예비하셔서 아름답고 주님 보시기에 좋은 성전을 아무런 사고 없이 건축하게 되었습니다.

다윗의 성전 건축 신앙을 본받아

저희 가정은 지나간 과거와 운명 때문에 비관하거나 원망하지 않고 현재와 미래에 더 헌신하며 충성하기로 결심하였습니다. 그래서 프라미스콤플렉스 성건건축을 위해 헌신하기로 하였습니다. 그런 점에서 저는 다윗을 볼 때마다 참 감동을 받습니다. 오직 하나님만을 바라보고 하나님의 언약궤를 사모하며 성전 건축을 그리도 원하였던 그의 삶을 보면서 나도 다윗처럼 오직 주의 제단을 위해 살겠노라고 다짐할 때가 많았습니다.

다윗도 하나님의 성전을 건축하기 위해 헌신하여 자손대대로 복을 받는 축복을 누렸지 않습니까? 이 세상 사람 가운데 가장 많은 축복을 받았다고 해도 과언이 아닐 정도로 하나님은 성전 건축을 위해 헌신한 다윗을 축복하여 주셨습니다. 먼저 다윗에게 존귀한 이름과 명예에 대한 축복을 주셨습니다.

> "네가 가는 모든 곳에서 내가 너와 함께 있어 네 모든 원수를 네 앞에서 멸하였은즉 땅에서 위대한 자들의 이름같이 네 이름을 위대하게 만들어 주리라"(삼하 7:9).

또한 어떤 경우에도 망하지 않는 축복을 주셨습니다. 다윗은 수많은 실패를 경험하였습니다. 이스라엘의 영웅이 되어 골리앗을 물리친 후에도 사울의 시기를 받아 쫓기는 도망자 신세가 되었습니다. 화려한 성공은 그와는 거리가 먼 것 같았습니다. 오히려 고독한 광야에서 몸 하나 누울 움막도 없이 밤이슬을 맞으며 누워야 했습니다. 그러나 성전 건축을 사모하고 헌신하고자 하는 다윗에게 하나님은 어떤 경우에도 망하지 않는 축복을 약속하셨습니다.

"내가 또 내 백성 이스라엘을 위하여 한 곳을 정하여 그를 심고 그를 거주하게 하고 다시 옮기지 못하게 하며 악한 종류로 전과 같이 그들을 해하지 못하게 하여"(삼하 7:10).

"나는 그에게 아버지가 되고 그는 내게 아들이 되리니 그가 만일 죄를 범하면 내가 사람의 매와 인생의 채찍으로 징계하려니와 내가 네 앞에서 물러나게 한 사울에게서 내 은총을 빼앗은 것처럼 그에게서 빼앗지는 아니하리라"(삼하 7:14-15).

또한 형통과 평안의 축복을 주셨습니다. 다윗은 늘 죽음의 공포와 불안에 휩싸여 살았습니다. 사울에게 쫓겨 도망자 신세가 된 이후에는 한시도 마음 편히 잠들 수 있는 날이 없었습니다. 그런 다윗에게 하나님은 형통과 평안의 축복을 주셨습니다.

"전에 내가 사사에게 명령하여 내 백성 이스라엘을 다스리던 때와 같지 아니하게 하고 너를 모든 원수에게서 벗어나 편히 쉬게 하리라 여호와가 또 네게 이르노니 여호와가 너를 위하여 집을 짓고"(삼하 7:11-12).

그리고 견고한 나라와 빼앗기지 않는 축복을 주셨습니다. 성전 건축을 사모하며 헌신한 다윗에게 주시는 하나님의 축복의 정점은 견고한 나라와 빼앗기지 않는 축복으로 연결됩니다. 이제 다윗은 그 어떤 것에도 흔들리지 않는 견고한 나라의 왕이 된다는 것입니다. 그리고 그의 성취를 누구도 빼앗아 갈 수 없습니다. 다윗을 최정상의 축복으로 높여 주신 것입니다.

"네 수한이 차서 네 조상들과 함께 누울 때에 내가 네 몸에서 날 네 씨를 네 뒤에 세워 그의 나라를 견고하게 하리라 그는 내 이름을 위하여 집을 건축할 것이요 나는 그의 나라 왕위를 영원히 견고하게 하리라 나는 그에게 아버지가 되고 그는 내게 아들이 되리니 그가 만일 죄를 범하면 내가 사람의 매와 인생의 채찍으로 징계하려니와 내가 네 앞에서 물러나게 한 사울에게서 내 은총을 빼앗은 것처럼 그에게서 빼앗지는 아니하리라 네 집과 네 나라가 내 앞에서 영원히 보전되고 네 왕위가 영원히 견고하리라 하셨다 하라"(삼하 7:12-16).

🌱 자녀 결혼 자금으로 마련해 둔 집을 성전 건축 예물로 바치다

저는 이러한 다윗의 성전 건축 신앙을 붙잡고 새에덴의 성전 건축을 위해 모든 것을 바치기로 결심하였습니다. 그래서 먼저 하나님 앞에 주택을 드리고 결정하였습니다. 그때 당시 저는 자녀들의 교육과 미래의 결혼 준비를 위해 마련한 주택이 있었습니다. 그런데 그 집을 하나님의 성전 건축을 위해 드려야겠다는 감동이 왔습니다. 그래서 아들과 딸을 앉혀놓고 먼저 동의를 구했습니다.

"너희들을 위해서 아버지가 마련해 놓은 집이 한 채 있는데 이번 성전 건축을 위해 바치려고 한다. 혹시 너희들이 생각하기에는 섭섭할 수도 있지만 아버지는 이것이 하나님께서 우리 가정을 축복해 주시는 길이요, 너희들을 앞으로 더 크게 쓰시는 축복의 씨가 될 것이라고 믿는다."

그랬더니 두 아이들은 하나님께 드리는 것인데 아버지의 뜻대로 하시라며 동의를 해주었습니다. 저는 아이들에게 고맙다고 말하고 간절히 기도했습니다.

"하나님, 자녀들을 위해 마련한 집을 자녀들의 동의로 하나님께 드립니다. 하나님께서 받으시고 우리 자녀들의 앞날을 축복하여 주시고 형통하게 하여 주시옵소서. 저 다윗 왕이 하나님의 성전 건축을 사모하고 헌신하여 큰 복을 받았던 것처럼 우리 가정과 자녀들이 다윗과 같은 축복의 주인공이 될 수 있도록 은혜를 부어 주옵소서."

남은 집은 교회에 담보로 제공하여 대출을 받아 건축헌금으로 사용하였습니다. 그리고 건축하는 5년 동안 봉급을 수령하여 생활비를 제외한 전액을 건축헌금으로 드렸습니다. 물질 있는 곳에 마음이 있다는 말씀처럼, 제가 가진 모든 물질이 하나님의 것이라는 믿음으로 하나님의 성전 건축을 위해 모든 것을 바쳤습니다. 어떤 사람들은 도저히 이해 못할 수도 있습니다. 아니, 어떻게 자녀 결혼을 위해서 마련해 둔 집을 바칠 수 있느냐고 반문하는 사람도 있을 것입니다.

그러나 그때 저는 하나님의 성전 건축을 위해 쓰임 받고 헌신할 수 있다는 것이 너무나도 행복했습니다. 울먹거리는 가슴으로 헌신하였습니다. 드리고도 또 드리고 싶고, 드릴 수만 있다면 더 드리고 싶은 마음의 감동이 왔습니다. 더 드리지 못해서 하나님 앞에 송구한 마음이 들 정도로 온전히 저의 모든 마음과 물질을 하나님께 드리고 싶었습니다.

개인적으로 헌신을 할 뿐만 아니라 새에덴교회 건축기획위원장으로서 건축비용을 마련해야 했습니다. 그래서 100억을 신용대출 하기 위하여 평소 친분이 있었던 전남광주 농협본부장과 협의를 하고 교회대출의 전문가인 첨단지점 최남하 차장을 소개받아 대출업무를 추진하였습니다. 그 모든 순간, 순간이 정말 하나님의 은혜요 섭리였습니다.

하나님의 인도하심이 아니었으면 할 수 없는 일이었습니다. 그래도 하나님의 약속이 있고 꿈이 있는 새에덴교회 프라미스 콤플렉스 성전 건축을 위해 쓰임 받을 수 있다는 사실이 너무 행복하고 기뻤습니다.

저 개인적으로만 성전 건축을 위해 헌신한 것이 아니라 장로, 안수집사 중직자들을 찾아다니며 건축헌금 작정을 위해 면담하고 또는 전화를 하여 권장하기도 하였습니다. 그냥 형식적으로 하는 것이 아니라 정말 하나님의 약속과 축복을 붙잡고 새에덴의 모든 성도들이 축복의 주인공이 되기를 간절히 바라는 마음으로 권면을 하였습니다.

그러자 성도들도 마음의 문을 열고 성전 건축 헌신의 대열에 동참하였습니다. 작은 불씨가 큰 불이 되고, 작은 물결이 큰 파도가 되는 것처럼 한 사람, 한 사람의 헌신은 큰 헌신의 불길이 되고 파도가 되었습니다.

소강석 담임목사님께서는 설교를 통하여 성전 건축의 은혜와 축복을 성도들에게 알려주시고 야곱, 요셉 시리즈 설교를 통하여 영광의 가문, 비전의 가문을 이루는 꿈과 비전을 심어주셨습니다. 목사님께서 먼저 일사각오의 목양일념으로 오직 하나님, 오직 교회, 오직 성도 사랑의 모습을 보여주셨기에 성도들도 담임목사님을 중심으로 혼연일체가 되어 성전 건축에 매진할 수 있었습니다. 그래도 사람의 일인지라 건축 과정에서 어려움을 당할 때도 있었습니다.

그럴 때 목사님께서도 성도들이 너무 버거워하지 않는지 염려하시고, 건축헌금이 부족하여 마음이 약해질 때도, 오히려 곁에서 목사님께 힘을 실어드리며 교회를 더 크게 건축할 것을 건의하여 현재 1만 평의 예배당을 건축하게 되었습니다. 이 모든 것을 생각할 때마다 하나님의 은혜라고 생각합니다.

🌱 교편을 내려놓고 거리의 전도자가 된 아내

제가 광주광역시 부교육감으로 발령 받아 있을 때 아내는 30년의 교편 생활을 내려놓고 전도 현장으로 갔습니다. 딸을 잃은 아픔으로 방황을 하고 낙담하고 있던 아내는 새에덴교회를 만나고 소강석 목사님의 말씀을 들으면서 어느새 놀랍도록 변화되었습니다. 시름과 걱정으로 가득했던 얼굴에 어느새 미소가 떠나지 않게 되었고 온갖 병으로 앓았던 몸이 회복되어 건강한 몸으로 아침부터 저녁까지 전도 현장을 누빌 수 있게 되었습니다.

아내는 예수님 자랑, 교회 자랑, 목사님 자랑하는 낙으로 사는 사람이라고 할 정도로 어디를 가든 복음을 전하고 교회를 자랑하고 목사님을 소개하였습니다. 분당 서울대병원과 상가를 다니며 누구보다 열심히 전도를 하고 다녔습니다. 그런 아내의 모습을 보면서 더 감사했습니다.

"하나님, 감사합니다. 우리 가정을 이렇게 새롭게 변화시켜 주시고 주의 교회를 수종 드는 가정으로, 복음을 전하는 가정으로 사용하여 주시니 감사합니다. 더 충성하겠습니다. 더 울먹거리는 가슴으로 주의 성전을 섬기겠습니다."

아내는 오직 성령이 너희에게 임하시면 너희는 권능을 받고 온 유대와 사마리아와 땅 끝까지 이르러 내 증인이 되리라는 말씀대로 아침부터 저녁까지 길거리와 상가 등을 심방하며 전도하여 3년 동안 새에덴교회 전도왕을 하였습니다. 둘째 딸 역시 대학에서 피아노를 전공하여 새에덴교회 3부예배 반주자로 10년 동안 헌신하였으며 지금은 명성교회 훌륭한 부목사와 결혼하여 목사 사모가 되어 아들 둘을 두고 있습니다. 아들은 새에덴교회 청년부 회장을 하였으며 총신대학원을 졸업하고 새에덴교회 청년부 부교역자로 섬기고 있으며 현숙한 여인과 결혼하여 아들 세 명을 두고 있습니다.

하나님의 말씀에 은혜 받고 그 은혜에 감사하여 주의 종을 진심을 다해 섬기고 교회를 위해 충성하였을 때 하나님께서는 고난과 역경 속에 있었던 저희 가정을 축복과 기적의 가정으로 변화시켜 주셨습니다.

🌳 하나님의 축복의 신호탄, 교육부 과장 발령

온 가족이 한마음으로 교회를 섬기고 하나님 중심, 교회 중심, 담임목사님 중심의 신앙생활을 하기 시작하자 우리 가정에 서서히 축복의 문이 열리기 시작했습니다. 담임목사님께서는 영의 목자가 되어 우리 가정을 이끌어주실 뿐만 아니라 교육계에 몸담고 있는 저의 진로도 세심하게 살피시고 이끌어주셨습니다. 제가 교육부에 파견

나와 있을 때 광주광역시 관리국장으로 승진하여 갈 기회가 있었습니다. 그런데 목사님께서는 저에게 이런 말씀을 하시는 것입니다.

"장로님, 광주 관리국장으로 가지 말고 차라리 교육부 과장으로 발령을 받아 나중에 광주광역시 부교육감으로 가세요."

저는 목사님께서 그런 말씀을 하실 때 교육부 사정을 잘 모르셔서 그런 말씀을 하시는 것은 아닌가 생각했습니다. 사실 지방 교육청 과장 출신이 교육부 과장으로 승진한 경우가 없을 정도로 도저히 불가능한 일이었습니다. 그러나 저는 담임목사님 말씀에 순종하는 마음으로 계속 기도하였습니다. 그리고 기도 중에 하나님께서 저에게도 교육부 과장으로 발령 날 것이라는 감동을 주셨습니다.

그런데 응답대로 곧바로 발령이 되지 않고 지연되고 있었습니다. 초조하기도 하고 어떻게 해야 할지 망설여졌습니다. 광주광역시 관리국장으로 가는 것도 저에게는 좋은 일인데 미루고 교육부 과장으로 가기 위해 노력하고 있으니 앞길이 막막했습니다.

그런데 교육부에서 과장 전입 다면평가에서 제가 교육부에 근무한 경력이 없어 교육부 과장 전입이 어렵다는 연락을 받게 되었습니다. 하지만 포기하지 않고 인사 발령 때가 되면 다시 교육부 과장 발령을 요청했습니다. 그때마다 목사님은 저에게 힘과 격려를 주셨습니다.

"장로님, 절대로 실망하지 말고 기도하면서 조금만 더 인내하고 기다려 보세요. 하나님께서 하시면 능치 못할 일이 없습니다. 확신을 갖고 기도하세요."

그래서 저도 낙심하지 않고 계속해서 기도하였습니다. 그런데 하나님께서 대통령자문 새교육공동체 이돈희 위원장님을 교육부장관으로 발령을 내주셨습니다. 그래서 교육부 내에서도 새로운 변화의 물결이 일어나기 시작했고 기존 체제와 인물 교체의 바람이 일어났습니다. 그 결과 저는 교육부 과장으로 발령을 받게 되었습니다. 교육부가 발족한 지 50년 동안 지방교육청 사무관이 교육부로 전입한 일은 있지만 과장(서기관)이 교육부에 과장으로 전입한 일이 없는데 하나님께서 교육부 직업교육정책담당관으로 발령을 내 주신 것입니다.

하나님은 불가능을 가능케 하시는 하나님이십니다. 당신께 무릎 꿇고 기도하는 자에게 반드시 응답하시는 하나님이십니다. 주의 교회를 위해 한 장 벽돌이 되어 성전을 짓겠다는 심정으로 온 힘을 다해 섬기는 자에게 하나님은 저희 가정에 축복의 집을 건축해 주셨습니다. 저의 어두웠던 삶에 생명과 은혜의 문이 열리면서 축복의 문도 열리기 시작한 것입니다.

하나님의 은혜로 그토록 원했던 교육부에 몸을 담게 되었습니다. 너무나 기쁘고 환호성을 질렀습니다. 그러나 52세의 나이로 시작한 교육부 과장 생활은 만만치가 않았습니다. 하루하루가 너무 힘들고 고단했습니다. 말단 9급부터 시작하여 지방에서만 근무한 저로서는 교육부 근무 경험이 없고 아는 사람도 없어 생소하고 어려움이 많았습니다. 하지만 어렵고 힘들 때마나 주님께 엎드려 간절하게 기도하였습니다. "나의 힘이 되신 여호와여 제가 주님을 사랑하나이다. 오늘도 나의 영광, 나의 방패가 되어 주시고 나의 주인이 되셔서 모든 일을 인도하시고 잘했다 칭찬받게 하여 주시옵소서."

하나님께서는 제가 어렵고 힘들 때마다 항상 함께하시고 인도하시며 모든 일을 잘 해결해 주셨습니다. 어려움이 있을 때마다 하나님께 의지하며 기도하면서 실업계고등학교와 직업교육 각종 자격증 정책사업인 실업교육 육성 대책 정책연구를 추진하게 되었습니다.

그러다 저를 이곳으로 발령 내주신 교육부 장관님이 바뀌고 직원들도 12명 중 10명이 다른 부서로 발령되면서 교육부에서의 생활에 어려움을 겪게 되었습니다. 하루는 총무과장이 저를 불러서 이런 이야기를 하는 것입니다.

"이번에 행정고시 출신이고 교육부에서 서기관 승진을 하여 미국에서 직업교육박사 학위를 받은 분이 오셨는데 그분이 직업교육정책담당관 자리에 가실 것입니다. 그러니 서울 시내 대학이나 사업소에 희망지를 말해 보세요."

저는 하늘이 무너지는 것 같았습니다. 그래서 하나님께 기도했습니다.

"하나님께서 응답해주시고 교육부에 발령을 내주셨는데 승진하지 않고 나오게 되면 하나님의 약속과 담임목사님 말씀이 이루어질 수가 없게 되지 않습니까? 하나님께서 약속하시고 발령을 내주셨는데 저에게 어려움을 주십니까? 주님, 새 길을 열어 주옵소서. 축복의 약속을 이루어 주옵소서."

주님 앞에 엎드려 간절히 기도했을 때, 하나님께서 제 가슴에 뜨거운 감동을 주셨습니다.

"종아, 담대하거라. 내가 너와 함께하고 있으니 걱정하지 말고 믿고 기도하라. 내가 너를 반드시 높여줄 것이다. 나의 섭리와 계획에 따라 너의 길을 열어줄 것이며 세워줄 것이다."

그래서 저는 총무과장에게 교육부에서 못 나가겠다고 말하고 제가 연구하는 실업교육 육성대책을 발표하고 그 다음에 말하겠다고 했습니다. 그랬더니 총무과장이 시큰둥한 반응을 보이면서 "그러면 아무 곳이나 발령을 해도 원망하지 말라"는 것입니다. 저는 모든 것을 하나님께 맡기고 묵묵히 제 일을 수행하였습니다. 그리하여 실업교육 육성대책을 발표할 수 있게 되었습니다.

실업교육 육성대책 발표의 놀라운 성과

저는 1년 동안 근무하면서 직업교육 정책과 업무 중 가장 문제가 된 실업교육에 획기적인 전기를 마련하게 되었습니다. 인문계 고등학교에는 실력이 좋은 학생이 진학하는 데 반해 실업계 고등학교에 대한 선호도가 떨어져 실력이 낮은 학생들이 진학해 중도 탈락하는 등 여러 문제가 발생하는 상황이었습니다.

그 문제를 해결하기 위하여 하나님께 기도하며 '실업교육 육성대책'을 수립, 발표했을 때 직업학회나 실업계(농업, 공업, 상업)고등학교로부터 정책발표에 성공했다는 찬사를 받았습니다. 그리고 전국 1,000여 명의 교수와 실업계 교사로 조직된 학회로부터 공로패를 받았습니다. 이 모든 것이 하나님의 은혜가 아닐 수 없습니다.

'실업교육 육성대책'의 내용을 간단히 요약하면 실업계 고등학교를 졸업한 학생에게 2004년부터 동일계 대학 정원의 3% 범의에서 진학할 수 있는 특혜를 주며 2005년부터 수능시험에 직업탐구를 신설하여 인문계 졸업생들이 과학과 사회과목을 보듯이 실업계 고등학교학생들은 실업계에서 공부한 직업과목으로 시험을 치르게 해 이중의 학습 부담을 덜어줬습니다.

실업교육 육성대책 정책발표 이후에 실업계고등학교와 교육계에서 좋은 정책이라는 여론과 각종 언론 매스컴에서 좋은 교육정책이라고 발표가 됨에 따라 교육부 내에서도 좋은 평가를 받게 되었습니다. 하나님께서 저의 간절한 기도를 들어주시고 요셉 같은 지혜를 주셔서 막다른 길에서 더 높이 비상할 수 있는 길을 열어주신 것입니다. 그 즈음에 소강석 담임목사님께서 《엿장수 목회》라는 책을 발간하셨는데 그 당시 교육부총리에게 편지를 써서 보내 주셨습니다.

"서광수 장로님은 투철한 국가관과 애국심으로 누구보다도 나라를 위해 기도하는 장로님이시고 자기 개인의 사익보다는 공동체의 공익을 위해 충직하게 일하시는 분이십니다. 어디를 가나 복의 통로로 쓰임을 받는 요셉 같은 분이십니다. 서 장로님에게 기회를 주시면 정말 놀라운 성과를 내고 일을 잘 수행할 것입니다."

이러한 서신과 책을 부총리님에게 전달하였더니 부총리께서 비서실장에게 "서 과장, 이번에 실업교육 육성대책 발표 결과도 좋았고 교회에서도 신실한 장로이니 승진 발령을 해주라"고 하셨다는 것입니다.

며칠 후 교육부에서 사업소나 대학으로 나가라고 하던 총무과장이 승진 발령해 줄 테니 교육부 내에서 말고 사업소에서 승진하라고 하면서 국제 교육진흥원 기획실장으로 부이사관 승진을 하여 발령을 받게 되었습니다. 그 이후 부총리 비서실장을 만났더니 "국장님은 하나님께서 승진시켰다"고 하시는 것이 아닙니까? 왜 그러냐고 물었더니 "목사님 편지를 부총리께서 읽으시고 서 과장 이번 정책발표도 좋은 평가를 받았고 기도하는 장로이니 승진시키라고 하셨다"고 하시는 것입니다.

교육부에 전입한 지도 2년밖에 안 됐고 승진이 어려운데 승진한 것은 목사님 편지로 감동받아 승진한 것이라고 하여서 담임목사님의 약속을 이루어주신 하나님께 감사를 드렸습니다. 지금 생각해도 도저히 이루어질 수 없는 꿈이 이루어진 것입니다. 그것은 저의 노력이나 공로로 된 것이 아니라 오직 하나님의 은혜였습니다. 주의 성전 건축을 위해 눈물로 씨를 뿌리고 헌신하였을 때 하나님께서 축복으로 보상하여 주시고 길을 열어주신 것입니다.

연세대학교 사회복지학 석사학위 취득과 광주광역시 부교육감 승진 발령

저는 어렸을 때 가정형편이 어려워 대학에 진학하지 못하고 고등학교를 졸업하고 9급으로 공무원에 입문하였습니다. 그러나 다른 사람들보다 배나 더 열심히 연구하고 일하면서 주어진 업무에 충실하였습니다. 그리고 주경야독으로 광주대학교에서 행정학 학사를 취득하고 서울 교육부에 파견근무를 하면서 연세대학교 행정대학원에 입학하여 사회복지학 석사 학위를 취득하였습니다.

제가 가난과 수많은 어려움 속에서도 꿈을 포기하지 않고 달려올 수 있었던 것은 첫째는 하나님의 은혜요, 담임목사님의 기도요, 저를 아낌없이 지원해주고 협력해준 관계자들과 제 아내가 있었기 때문입니다. 이렇게 고등학교 졸업이라는 한계를 극복하고 결국에는 명문대학 석사학위를 취득하게 하셨습니다.

처음 소강석 담임목사님께서 "교육부에서 과장으로 승진한 다음에 광주광역시 교육청 부교육감으로 가세요"라고 말씀하셨을 때는 정말 믿겨지지 않았습니다. 목사님께서는 교육부 공무원도 아니시니까 사정을 잘 모르셔서 그런 것은 아닌가 생각이 들 때도 있었습니다. 그러나 저는 목사님의 말씀에 그대로 순종하였습니다. 그리고 결국 하나님께서 그 모든 계획들을 하나 하나 이루어주셨습니다.

그래서 담임목사님 말씀대로 교육부 과장을 거쳐 3년 6개월 만에 광주광역시 교육청 부교육감으로 발령받아 취임을 하게 되었습니다. 부이사관으로 승진하여 국제교육진흥원 기획실장으로 발령받아 1년이 못 되어 이사관 자리인 광주광역시 부교육감으로 발령을 받게 되었습니다. 이 모든 것이 하나님의 은혜이고 축복입니다. 광주광역시 교육청 교육부에 파견된 지 과장이 3년 6개월 만에 그 기관의 선거직을 제외하면 계단을 뛰어 최고의 자리에 발령을 받은 것입니다. 부교육감으로 발령을 받은 날, 명패를 붙잡고 얼마나 감사의 기도를 드렸는지 모릅니다.

"하나님, 감사드립니다. 이렇게 부족한 종을 들어 사용하여 주시고 축복의 증거를 보여주시니 감사합니다. 담임목사님께서 선포하신 대로 한 치의 오차도 없이 이루어주시니 더 감사드립니다. 사람으로서는 도저히 할 수 없는 일을 하나님이 이루어주셨습니다. 더 겸손한 마음으로 하나님께 엎드리겠습니다. 주의 교회와 담임목사님을 위해 목이라도 내어 놓을 수 있는 충직한 중직자가 되겠습니다. 주여, 주의 몸 된 교회를 위해 사용하여 주소서."

사실 교육부에 파견 후 갑자기 불어닥친 가정의 고난으로 인하여 주변 사람들에게 온갖 조롱과 수치를 받아야만 했습니다. "하나님을 그렇게 잘 믿고 교회를 위해 순종해서 잘 될 줄 알았더니 완전히 집안이 풍비박산이 나 버렸네. 어떻게 그런 일을 일어날 수 있어? 복 받을 줄 알았더니 너무 안됐어."

그러나 하나님은 결코 만홀히 여김을 받지 아니하시는 분이셨습니다. 우리 가정이 고난의 가장 깊은 어둠의 골짜기에서 신음하며 고통 받고 있을 때 새에덴교회 소강석 목사님을 만나게 하시고 축복의 길로 인도하여 주셨습니다. 온갖 조롱과 수치가 변하여 부러움과 동경의 대상이 되게 하셨습니다.

저를 알고 있는 모든 교육청 직원들과 주변 친척들로부터 하나같이 제가 받은 축복을 함께 기뻐하고 격려해 주었습니다. 하나님께서 제 마음의 상처를 어루만지시고 모든 눈물과 아픔을 회복시켜 주셨습니다. 이 모든 하나님의 살아 계심의 스토리를 CBS 〈새롭게 하소서〉, 국민일보 〈역경의 열매〉, CTS 〈내가 매일 기쁘게〉를 통하여 간증하며 하나님께 영광을 돌렸습니다.

광주광역시 교육청에서 부교육감으로 2년 4개월 동안 근무하면서 교육청으로부터 시도교육청 평가 행정교육, 학생지도, 생활지도, 인성교육 교육과정 등 평가에서 종합최우수 평가를 받아 500억을 지원받는 성과를 거두었습니다. 요셉이 가는 곳마다 형통과 축복의 길을 열었던 것처럼 하나님께서 함께하심으로 인하여 부족하지만 가는 부서마다 잘 되는 역사를 이루어주셨습니다.

　제가 광주시 교육청 부교육감으로 있는 동안 학교교육과 교육행정에 기여하였으며 제일 작은 교육청으로서 자존감을 높였다는 평가를 받았습니다. 또한 교육정보선진화 우수 교육청으로 선정되었으며 16개 시도에서 수능 최우수 성적을 거두었고 서울대학교 합격학생 비율에서도 최고 높은 평가를 받았습니다. 부교육감으로 활동하면서 광주 지역 교육의 선진화와 교육의 질 향상을 위하여 최선을 다해 노력했는데 이처럼 가시적인 결과를 내었을 때 너무나 보람이 되었습니다. 우수한 교육도시 광주라는 브랜드와 이미지를 구축하는데 미력하나마 일조를 하였습니다.

🌱 수능 핸드폰 부정사건을 피하게 하신 하나님

　광주광역시 교육청에서 2년 정도 근무하고 있을 때 교육부로부터 전남대학교 사무국장으로 가라는 구두 연락을 받았습니다. 저의 생각으로는 하나님의 영광을 위해 보내준 자리이기 때문에 더 있고 싶었습니다. 더구나 그 당시는 용인시 죽전에 새에덴교회 프라미스 콤플렉스 성전 건축을 하고 있어서 다른 곳으로 발령을 받는다면 경기도 부교육감으로 발령을 받을 수 있도록 요청하며 기도하였습니다.

그런데 교육부에서 2004년 10월 1일자로 전남대 사무국장으로 발령을 내 버린 것입니다. 저는 목사님께 상의를 드렸고, 목사님께서도 제가 부교육감 자리를 계속 지킬 수 있도록 백방으로 알아보셨습니다. 저 또한 어떻게든지 부교육감으로 있기 위하여 여기저기 노력했습니다. 그런데 하루는 목사님께서 전화를 하셔서 "장로님, 기도해 보니까 전남대 사무국장으로 가시는 것도 하나님의 뜻인 것 같습니다"고 하시는 것입니다.

그래서 순종하는 마음으로 부교육감에서 전남대 사무국장으로 가게 되었습니다. 그런데 제가 발령 받은 후에 광주광역시에서 수능시험 응시자들 중에 핸드폰 부정사건이 발생하여 전국 매스컴에 대대적으로 발표된 것입니다. 당시만 해도 전국이 떠들썩할 정도로 큰 사건이었습니다.

광주시 교육청은 그야말로 난리가 났습니다. 교육부 감사실과 수사기관에서 조사가 나와서 관계자들은 중한 문책을 받게 되었습니다. 그 당시 교육부 감사관들의 말에 의하면 "서광수 부교육감은 도대체 이런 일이 일어날지 어떻게 알고 전남대학교로 발령받아 소나기를 피해갔는지 모르겠다"고 하였다는 것입니다.

제가 만약 부교육감 자리에 그대로 있었다면 중징계를 받고 교육계를 떠나야 했을지도 모릅니다. 미리 피할 길을 열어주시고 그 사건에서 벗어나게 하신 하나님께 감사를 드립니다.

제가 그곳에 있었으면 하나님께서 핸드폰 수능 부정사건을 미리 방지해 주셨을지도 모르지만, 아무튼 사건 당시 그 자리에 있었으면 직위 해제되고 문책을 받아 물러나게 되었을 것입니다. 저는 큰 소나기를 피하였을 뿐만 아니라 전남대학교 사무국장 직위에서 대학의 실태와 현황과 운영하는 방법을 익히게 되었습니다. 그래서 훗날 예수대학교 총장을 할 수 있는 경험과 스펙을 쌓게 하시고 미리 예비해 주셨음을 고백하지 않을 수 없습니다.

제가 경험한 하나님은 언제나 선하신 하나님이십니다. 특별히 새에덴교회에 와서 소강석 목사님을 만난 이후에 만난 하나님은 한 번도 실수가 없으시고 실망케 하지 않는 하나님이십니다. 언제나 예스가 되시고 기적이 되시고 축복이 되시는 하나님이십니다. 어려움을 당하는 것 같아도 반드시 역전하게 하시고 패한 것 같아도 반드시 패자부활전의 승리로 이끌어주시는 하나님이십니다.

대학교육에 대한 적응 훈련

말단 행정공무원으로 공직을 시작한 후 35년 동안 보통교육을 위한 초·중·고등학교와 시·군교육청, 시·도 교육위원회에서 근무하면서 보통교육 행정의 전반적인 과정을 습득하였습니다. 그러나 대학교육을 경험할 기회가 전혀 없었습니다. 그런데 2004년 생각지도 않았던 전남대학 사무국장으로 발령이 되어 처음에는 불만과 불평을 하기도 하였습니다.

공무원 생활을 시작한 이후에 처음으로 접해보는 대학교 사무가 생소하였고 적응하는 데 어려움이 많았습니다. 전남대학교는 교수 1,000여 명, 직원 800명(용역직 포함), 학생수 3만여 명의 대규모 조직입니다. 그 대규모 학교의 일반 행정직 최고책임자로 근무한다는 것은 보통 힘든 일이 아니었습니다. 제 힘으로 할 수 없을 것만 같은 압박감과 중압감이 짓누를 때면 하나님께 엎드려 지혜와 리더십과 체력을 달라고 구하였습니다.

그런데 그 힘들었던 시간이 오히려 저에게는 큰 도움이 되었습니다. 전남대학교에서 2년 4개월 근무하는 동안 고등교육인 대학교육에 대해 대학교육과정, 학생모집, 수업, 수강신청, 학생지도(상담), 취업지도, 예산편성 및 집행, 단과대학 운영 등 모든 것을 보고 배우고 습득할 수 있는 기회가 되었습니다. 하나님께서는 훗날 예수대학교 총장으로 부임할 것을 예정하셔서 미리 준비하게 하시고 훈련시키신 것입니다. 저는 그곳에서 대학교육의 시스템과 체계, 학교 발전 로드맵을 익힐 수 있었습니다.

저의 지난날을 돌이켜보면, 9급 교육 공무원부터 시작하여 대학교 총장까지 오르게 되었으니 하나님께서 저를 행정공무원으로서 최고의 직위까지 높여주신 것입니다. 행정 공무원 9급으로 시작하여 이사관(2급)으로 높여주시고 일반직 공무의 최고 직급인 고위공무원까지 높여주신 하나님께 감사와 영광을 돌립니다.

무엇보다 감사한 것은 말단 공무원 9급으로 시작하여 공직생활 40여 년 근무하는 동안 한 건의 사고 없이 형통하게 하시고 최고의 자리까지 승진하게 하여 주신 것입니다. 저는 교육부 공무원 생활 동안 교육부 과장, 광주광역시 부교육감, 전남대 사무국장으로 영예로운 정년퇴임을 하며 홍조훈장을 받게 되었습니다. 그리고 정년하면 대부분 갈 곳이 없어서 쉬게 되는데, 저는 제 고향인 후학들을 양성하도록 학다리고등학교장으로 가게 되었으니 이 또한 얼마나 큰 하나님의 은혜와 사랑인지 모릅니다.

학다리고등학교 CEO 교장으로 초빙

학다리고등학교는 1945년 12월 5일 민족의 혼을 일깨우고 조국의 인재를 길러낸다는 건학이념으로 학다리라는 허허벌판에 초급중학교로 둥지를 틀며 시작하였습니다. 이후 1951년 9월 1일 학다리고등학교를 개교하여 지금까지 수많은 인재를 배출하였습니다. 특히 체육활동 부문에서 뚜렷한 업적을 남겼습니다. 1952년 초 김연범 동문이 제15회 헬싱키올림픽 선발대회에서 고등학교 1학년의 어린 나이에도 불구하고 2위를 하여 국가대표 선수로 올림픽에 참가했습니다. 또 1962년 일본 교토에서 열린 국제 마라톤대회에서 김연범 동문이 우승하여 당시 마라톤 하면 학다리고등학교를 빼놓을 수가 없게 되었습니다. 학다리고등학교는 마라톤 외에 배구, 사이클, 태권도에서도 우승과 금메달을 획득하여 학교의 명성을 날린 바 있습니다.

반세기가 넘는 역사를 자랑하는 학다리고등학교는 1973년 12월 화재가 발생하여 본관 건물 14개 교실이 소실되는 청천벽력과 같은 일을 당했습니다. 하지만 전국 각지의 동문들과 지역주민 그리고 학교의 명성을 아끼는 많은 분들의 도움으로 화재 발생 8개월 만인 1974년 7월에 3층 콘크리트 교사를 개축하여 재도약을 이뤘습니다.

학다리고등학교는 이용섭 전 건설교통부장관, 강운태 전 내무부장관(현 행정자치부장관), 조성옥 전 법무부차관 등을 비롯하여 학계, 언론계, 경제계, 체육계, 의료계 등 각계각층의 지도자들을 많이 배출한 명문사립학교입니다.

특히 학다리고등학교는 김기수 육군수도군단장을 포함하여 지금까지 10명의 장군을 배출하여 별들의 요람으로 잘 알려져 있습니다. 국가 안보를 튼튼히 해야겠다는 투철한 신념을 지닌 동문, 또한 가정 형편이 어려워 대학진학에 어려움을 느낀 동문들이 사관학교에 많이 진학한 결과입니다. 2008년도에는 전국 면단위 고교로는 최초로 송원식(육군), 고한석(해군), 고석(육군) 동문 등 3명이 동시에 준장으로 승진하여 주목을 받기도 하였습니다. 그리고 시골학교로서는 보기 드물게 2007년부터 2009년까지 3년 연속 장군을 탄생시키는 지역의 전통 명문고로서의 위상을 보여주었습니다.

또한, 2008년 5월 제18대 총선에서 강운태 동문이 광주광역시 남구에서 국회의원에 당선되어 의정활동을 활발하게 하다가 2010년 제11대 광주광역시장 선거에 도전하여 성공하였으며 이용섭 동문 역시 광주광역시 광산을 지역구에서 제18, 19대 국회의원에 당선되어 모교와 동문들이 자랑스런 경사를 맞이하기도 하였습니다.

학다리고등학교는 전라남도 농어촌 지역에 있으면서도 우수한 인재를 양성하는 학교로 한때 명성이 높았었습니다. 그러나 재단 이사회의 부실한 학교운영과 교사들의 불협화음 및 사기 저하 등 여러 가지 요소가 복합되어 학교가 점점 쇠락의 길을 걷게 되었습니다. 특히, 전라남도 교육청에서 농산어촌지역에 우수학교를 지정하여 중점 육성코자 하는데 관내 함평고등학교가 지정되고 학다리고등학교는 탈락을 하였습니다. 그 결과 신입생 모집에서도 정원이 미달되고 학생들의 학력 수준도 점점 낮아져 갔습니다. 대학입시에서 10여 년 동안 서울대에 한 명도 합격하지 못하고 겨우 연·고대에 1명 정도 합격할 정도로 학생들의 실력이 낮아지고 위상과 명성이 추락하고 있었습니다.

모교의 상황을 안타깝게 바라보던 총동문회에서 옛 명성을 되찾고자 하는 마스터플랜을 가지고 적극적으로 후원을 하기 시작했습니다. 광주 양한모 이비인후과 원장을 총동문회장으로 새로 선임하고 학교를 재건하기 위해 경향 각지의 동문들이 힘을 합하여 6억 원의 발전기금을 모금하였습니다. 학교 이사회 운영과 학교 운영 전반에 관심을 갖고 면학 분위기를 살리기 시작했습니다. 뿐만 아니라 교권을 신장시키며 학생들의 실력 향상을 위하여 관료적 행정가가 아닌, CEO 교장을 초빙하기로 결정하였습니다. 그래서 학교 운영에 관한 모든 권한을 교장에게 일임하여 학교 발전에 기여하도록 하였습니다.

저는 전남대학교 사무국장을 마지막으로 40년의 영예로운 공직 생활을 마치고 하나님께 감사드리며 여생을 하나님의 영광을 위해 쓰임 받게 해달라고 기도하고 있었습니다. 하루는 학다리고등학교 총동문회장인 양한모 이비인후과 원장을 찾아가 만났을 때 저에게 학다리고등학교 CEO 교장으로 오셔서 지역사회 발전과 후학 양성에 힘써 주시라는 말씀을 들었습니다. 소강석 목사님께 먼저 상의를 드렸더니 이런 말씀을 하셨습니다.

"하나님께서 장로님께 정년 후에 좋은 길을 열어 주시네요. 무조건 하나님께 감사하고 열심히 기도하며 직분을 감당하세요. 그러면 하나님께서 더 크고 위대한 일을 보여 주실 것입니다."

저는 학다리고등학교 교장직을 수락하고 2007년 3월 교장 취임을 하였습니다. 다시 새로운 제2의 인생이 시작된 것입니다. 명예롭게 정년퇴임한 것만도 감사한데 이렇게 다시 교육 현장에서 고향의 후학을 양성하는 일을 할 수 있도록 길을 열어주신 하나님의 은혜를 생각할 때 눈물이 흘러 내렸습니다.

2007년 3월 2일 학다리고등학교 동문, 학생, 학부모, 광주광역시 교육청, 전남대학교 교직원, 지역사회 인사 등 500여 명이 참석한 가운데 교장 취임식이 성황리에 열렸습니다. 막상 교장에 취임을 하였지만 걱정이 앞섰습니다. 고등학교를 졸업하고 9급 말단 행정직으로 시작하여 교육청 과장, 부이사관, 광주광역시 부교육감, 전남대학교 사무국장을 거치기까지 교육 행정에만 몸담았지 학생을 직접 가르치는 전문적인 교사직에는 경험이 없었기 때문입니다. 그래서 더 염려가 되었습니다.

"아, 내가 잘할 수 있을까? 이렇게 많은 동문들과 학생들이 CEO 교장을 초빙하였다고 기대를 하고 있는데, 좋은 성과를 내지 못하면 어떻게 된단 말인가? 하나님, 저에게 지혜를 주옵소서. 형통한 길을 열어 주옵소서."

그리고 무엇보다 제가 교장으로 취임을 하였을 때 학내에서 전교조 활동 등으로 인하여 갈등 요인이 있어서 교직원들을 하나로 화합시켜야 하는 문제가 남아 있었습니다. 그 모든 문제와 난관을 해결하고 동문들이 요구하는 명문학교로 재건하기 위해서는 건너야 할 강이 너무나 많았습니다.

저는 교장실에 엎드려 매일 1시간 이상 기도 시간을 정하고 기도하였습니다. "하나님, 아무리 악조건이라 하더라도 하나님이 역사하시면 불가능을 가능케 할 수 있습니다. 저를 이곳에 보내신 것도 하나님의 뜻임을 믿습니다. 주님, 저에게 힘을 주옵소서. 반드시 학다리고등학교를 명문고등학교로 재건할 수 있도록 도와주옵소서. 하나님께서 요셉이 가는 곳마다 함께하셨듯이 저와 함께하심을 보여 주옵소서."

저는 교직원들에게도 혹시 예수를 믿으신 분들은 함께 기도해 달라고 요청을 하였습니다. 학교 발전을 위해서 모든 것을 올인하고 매진하였습니다. 가정과 주변 사람들에게도 학교 발전을 위한 중보기도를 요청하였습니다. 그리고 점심시간에는 학생들과 함께 소그룹 기도회를 가졌습니다. 저는 학생 한 사람, 한 사람이 미래의 지도자요, 학교를 빛낼 일꾼들이라 생각하고 진심을 담아 기도하였습니다.

그리고 하나님을 학다리고등학교의 주인으로, 교장으로 모시고 저는 심부름꾼이라는 마음으로 아침 일찍 학교에 출근하여 밤 10시까지 교장실에서 기도하면서 학교 발전을 위해 온 마음과 힘을 다 쏟아 부었습니다. 그러자 살아 계신 하나님께서 전문 지식이 없는 저에게 하나, 둘 놀라운 지혜를 주시고 축복의 길로 인도하여 주셨습니다.

중등교장 자격 취득과 명문학교 만들기 프로젝트

저는 중·고등학교를 다닐 때 가정형편이 너무 어려웠습니다. 그래서 학비가 저렴한 교대나 사범대에 진학하여 후학을 가르치는 교사의 꿈을 꾸어 본 적도 있었습니다. 그러나 어려운 가정형편은 이를 허락하지 않았고 저는 대학 진학의 꿈을 접어야만 했습니다. 대신 공무원 시험을 준비하여 9급 행정직에 몸을 담게 되었습니다. 어떻게든 돈을 벌어야 하는 상황이었기 때문에 바로 공무원 생활을 시작한 것입니다. 또한 정년퇴임한 후에 남들은 다 쉬고 있을 때, 교장 자격연수를 마치고 중등교장 자격을 취득하게 하시고 고등학교 교장으로 학교를 경영할 수 있는 길을 열어주셨습니다.

저는 학다리고등학교 교장으로 취임하여 본격적인 명문학교 만들기 프로젝트를 시작하였습니다. 동문회에서는 1년에 1억 5천씩 4년 동안 6억 원의 기금을 마련하여 우수학생 유치와 학력 증진을 위해 아낌없는 지원을 해 주었습니다. 학다리고등학교의 옛 명성을 재건해달라는 동문회의 요구에 발맞추어 동문회와 학교 내 구성원들과 협의를 갖고 학교의 새로운 변화와 성장 방안을 모색하였습니다.

학교 전체 구성원들이 한마음으로 이번 기회에 새롭게 변화하여 학다리고등학교의 옛 명성을 재건하기로 결의하고 전 교직원들이 광주광역시와 전라남도에서 명성 있는 선진학교 4군데를 우선 방문하여 교육 전반에 관한 브리핑을 듣고 수업을 참관하며 필요한 자료를 수집하였습니다. 선진학교에서 벤치마킹한 프로그램을 학교 실정에 맞게 접목하는 것으로부터 학다리고등학교 명문학교 만들기 프로젝트는 시작되었습니다.

방과 후에는 무학년제 수준별 보충수업을 도입해 학생들로부터 좋은 호응을 얻었습니다. 사교육비 절감은 물론 효율적인 수업이 이루어지면서 학생들의 실력도 일취월장하게 되었습니다. 이와 함께 우수학생에게 심야 자체 특별수업 기회를 제공하였습니다. 전 학년 학력평가 및 진단평가 성적을 참고하여 학년별 상위 학생들을 선발하여 지도하였습니다. 국어, 수학, 영어 과목의 학년별 교과 협의회를 통해 수능 및 논술지도 계획을 수립 시행하고 일정 기간 지도 후 평가를 실시해서 지도방법을 계속 개선하였습니다.

또 1, 2, 3학년 우수학생 및 희망자를 대상으로 광주의 유명 사설

학원 강사와 전남대학교 교수를 초빙하여 수능교과 심화 강좌와 논술 특별강좌를 개설하고 대학입시에 대비토록 하였습니다. 교과 부진 학생들에게는 별도의 특별보충강좌를 운영하여 학습에 대한 흥미도를 높이고 학력향상을 꾀하도록 하였습니다. 이 모든 경비는 동문회에서 지원한 학력 증진비를 바탕으로 과감한 교육 투자를 한 것입니다.

학다리고등학교의 교육 혁신은 동아일보 및 각종 지방 신문 등에 소개되었고 CEO 교장이 취임한 뒤 학다리고등학교가 새롭게 변화되었다는 소문이 나기 시작했습니다. 언론을 통해서 공부하는 학교, 실력 있는 학교, 우수한 인재들이 많은 학교라는 우호적인 기사가 많이 났으며, '사학명문 명성 회복 박차', '학다리고등학교 명성 찾기 새 바람', '학다리고등학교 지방 명문사학 부활' 등 매스컴에서 계속 대서특필을 하였습니다.

언제 어디서나 저에게 맡겨진 책무를 한 치의 사심 없이 충심을 다해 섬기는 것이 제 삶의 신조입니다. 학다리고등학교 교장으로 있을 때도 정말 하나님 앞에, 사람들 앞에 한 점 부끄러움이 없이 최선을 다하기 위해 노력하였습니다. 매일 아침마다 하나님 앞에 엎드려 기도하였고 선생님들과 학생들을 진심을 다해 사랑하고 섬겼습니다. 그리고 교장실을 개방하여 학생들이 언제든지 방문하여 면담할 수 있도록 하였으며 학생들을 위해 기도하였습니다. 그 결과 하나님께서 은혜를 베풀어 주셔서 학다리고등학교가 놀랍도록 변화되는 역사가 일어나기 시작했습니다.

🌳 취임 첫해 대학 진학의 놀라운 축복

학다리고등학교 교장 취임 후 첫 교직원회의에서 지역사회와 동문들의 요구와 기대를 가감 없이 이야기하였습니다.

"지금 우리는 변화를 요구받고 있습니다. 변화한다는 것은 쉬운 일이 아닙니다. 땀과 열정이 필요합니다. 우리가 한마음이 되면 얼마든지 할 수 있습니다. 선생님들께서 최선을 다해 학생들을 지도해 주셔서 서울대학교에 3명 이상은 합격시켜 주십시오. 그러면 우리 학교를 바라보는 시각도 새롭게 달라질 것입니다."

그러자 진학부장이 이렇게 말하는 것입니다.

"학다리고등학교는 지난 10여 년 동안 서울대학교에 한 명도 진학을 못한 상황입니다. 특별히 금년 졸업생 예정자는 2학년말 모의평가에서 실력이 제일로 낮아 지역균형과 기회균등 특례입학을 지원할 수 있는데도 2등급 이상이 없어서 한 명도 지원을 못하고 있습니다. 서울대학교에 3명 이상 합격시키기 힘들 것입니다."

수능성적은 2학년 말 모의평가 성적에서 크게 향상되지 않는다고 합니다. 그러니 서울대학교에 학생들을 합격시키는 것은 현실적으로 매우 어려운 상황이었습니다. 하지만 포기하지 않았습니다. 하나님 앞에 엎드려 더 많이 기도하였습니다. 선생님들께도 "제가 하나님께 기도할 테니까 동문들의 기대대로 성과를 낼 수 있도록 함께 노력하자"고 격려하였습니다.

그리고 취임 후 6개월 동안 최선을 다해 명문학교 만들기 프로젝트를 추진하였습니다. 그 결과 2학년 말에 수능 모의평가 성적이 낮았던 학생들 중에 6명이 서울대에 응시할 수 있게 되었습니다. 성적이 제일 낮았다고 생각했던 졸업생들이 모두의 예상을 깨고 서울대 2명, 연·고대 4명, 카이스트 1명 등 수도권 명문대학교에 다수 진학하였고 졸업생 전원이 4년제 대학에 진학하는 놀라운 성과를 거두게 되었습니다.

저는 하나님께 감사기도를 드렸습니다. 이삭이 하나님의 명령에 순종하여 애굽으로 가지 않고 그랄 땅에 거주하였을 때, 그 해에 그 땅에서 백 배의 수확을 거두게 하셨지 않습니까?

"이삭이 그 땅에서 농사하여 그 해에 백 배나 얻었고 여호와께서 복을 주시므로 그 사람이 창대하고 왕성하여 마침내 거부가 되어"(창 26:12-13).

이것은 사람의 노력이나 공으로 할 수 있는 것이 아닙니다. 전적으로 하나님이 은혜를 주셔야 가능합니다. 그래서 저도 늘 하나님께 은혜를 부어 달라고 기도합니다. 열악한 환경이었던 학다리고등학교에 CEO 교장으로 취임을 하였을 때도 무조건 하나님께 은혜를 부어 달라고 간구하였습니다.

그랬을 때 어려운 여건 속에서도 이삭처럼 놀라운 축복의 결실을 맺게 해 주셨습니다. 공직생활을 마치고 고향에 낙향하여 후학을 양성한다는 것을 생각할 때마다 하나님께 감사를 드렸습니다. 오죽하면 당시 진학 부장(현재 학다리고등학교 김갑수 교장)이 저에게 이런 말을 하는 것입니다.

"교장선생님이 기도하시면 하나님께서 다 해주십니까? 정말 저는 도저히 이렇게 놀라운 성적을 거둘 줄 생각도 못했습니다. 그런데 교장선생님께서 오신 뒤로 수능성적이 기하급수적으로 향상되고 10년 이상 서울대에 한 명도 합격시키지 못했는데 서울대뿐만 아니라 연·고대, 수도권대학 4년제 대학에 많은 학생을 진학시킬 수 있었습니다.

또한 매년 신입생이 미달되었는데 교장선생님이 오신 후에는 상위 10% 이내 학생이 모집되고 있습니다. 이것은 정말 하나님의 기적입니다. 학다리고등학교는 전라남도교육청이 지정하는 농산어촌우수학교에 선정되지도 않았는데도 1년 만에 신입생 모집과 대학진학에 괄목할 만한 성과를 창출하여 전남지방 고등학교에서 5위 안에 드는 좋은 학교로 인정받고 있으니 이 모든 것이 하나님의 은혜이고 축복이라고 생각하며 감사드립니다."

이 모든 것은 제가 한 것이 아니라 하나님이 하신 것입니다. 내 열심과 노력으로 하려고 한 것이 아니라 하나님께 겸손하게 엎드려 은혜를 구하였더니 하나님께서 불쌍히 보시고 기적을 베풀어 주신 것입니다. 우리가 언제 어디에 있든지, 어떤 어려운 환경과 상황에 처해 있든지 포기하지 않고 주님 앞에 기도하면 하나님께서 변화시켜 주십니다. 고난이 변하여 축복이 되게 하시고 한숨이 변하여 찬송이 되게 하십니다.

급성 맹장 가운데도 수능시험을 치른 학생

2007년 11월, 학다리고등학교 교장으로 부임하여 첫 번째로 치른 수능시험은 그야말로 긴장의 연속이었습니다. 오늘이 드디어 3학년 학생들의 성적이 결정되는 날이기에 우리 학교 모든 학생들이 시험을 잘 보기를 기도하고 있었습니다. 당시 함평 관내 수험생들은 나주에서 수능 시험을 응시하는 상황이었습니다. 그런데 따르릉 벨소리와 함께 나주 시험장 학교에서 들려오는 한 통의 전화는 왠지 불길한 예감을 들게 하였습니다. 성적이 매우 우수했던 김용인 학생이 2교시 고사 중에 급성맹장으로 통증이 와서 도저히 더 이상 시험을 치르기 어렵다는 소식이었습니다. 학생 개인을 보더라도 얼마나 힘들게 준비하여 온 시험인데 시험을 못 치르면 어떻게 되겠습니까? 또한 학교 입장에서 보더라도 성적이 우수한 학생인데 시험을 못 보면 어떻게 되겠습니까?

저는 한적한 곳에 가서 하나님께 기도했습니다.

"하나님, 저 어린 학생의 배를 어루만져 주옵소서. 주님의 피 묻은 오른손으로 안수하사 시험 보는 동안이라도 통증이 잠시만 사라지게 하여 주옵소서. 얼마나 힘들게 공부하고 준비를 하였겠습니까? 저 학생을 불쌍히 여겨 주셔서 시험을 꼭 치를 수 있도록 도와주옵소서."

그리고 부모님께서도 학교에 오셔서 기도하시고 선생님들과 주변에 아는 분들에게도 중보기도를 부탁했습니다. 하나님께서는 무조건 감사하고 담대하라는 감동을 주셨습니다. 학생은 2교시 시험을 겨우 마친 후 시험장 학교 파견관에게 이야기를 하고 나주중앙병원으로 후송되었습니다. 유사시에 대비하기 위한 조치였습니다. 그래서 병원에 별도 시험실을 설치하고 거기에서 4교시 시험까지 치르고 나서 맹장수술을 받게 되었습니다. 급성맹장인데도 학생은 놀랍게도 통증을 견디고 무사히 수능시험을 다 치를 수 있었던 것입니다.

그리고 우수한 성적으로 서울대에 합격을 하였습니다.

지금 생각해도 얼마나 하나님께 감사한지 모릅니다. 그때 시험을 포기하였으면 어떻게 되었겠습니까? 또 1년을 얼마나 힘들게 공부하며 준비를 해야 했겠습니까? 끝까지 포기하지 않고 하나님께 기도하였을 때 하나님이 학생을 붙잡아 주셔서 오히려 시험을 더 잘 볼 수 있도록 인도해 주신 것입니다. 살다 보면 어려운 일을 만날 때가 있습니다. 힘든 일로 주저앉고 싶을 때가 있습니다. 너무나 힘든 고통 때문에 포기하고 싶을 때가 있습니다.

그러나 우리는 그럴 때라도 기도의 골방으로 가야 합니다. 하나님 앞에 무릎 꿇어야 합니다. 고개 숙이고 기도해야 합니다. 그러면 하나님이 우리의 눈물을 닦아 주십니다. 우리의 손을 붙잡아 일으켜 세워 주십니다. 그리고 다시 축복의 길, 기적의 길로 달려가게 하십니다.

교장에 처음 취임하였을 때 150명의 학생을 모집하는데 미달되는 실정이었습니다. 지역사회와 총동문회장(양한모)의 6억 원의 발전기금 조성과 학교 교직원들의 단합된 의지로 학교 중장기 발전계획을 세우고 명문학교 만들기 프로젝트를 실행하였습니다. 그랬을 때 학생들의 실력이 향상되었고, 특성화된 프로그램으로 학교를 운영하자 소문이 나기 시작했습니다.

전라남도 교육청 장학지도에서 전남에서 가장 주목받은 학교로 평가받았고 각 매스컴에 홍보되면서 150명 학생모집에 수많은 학생들이 응시하게 되었습니다. 관내 우수학생과 진도, 완도, 신안, 무안, 나주 등 상위 10% 이내 학생들이 모집되어 명문학교의 위상이 회복되었습니다. 계속해서 학생들 성적이 떨어지고 학교의 위상이 추락하고 있을 때, 동문회에서 발 벗고 학교발전을 위해 후원하고 교장이 바뀌므로 1년 만에 명문학교로 변화된 것입니다. 이 모든 것이 학교 경험도 없는 저로서는 도저히 할 수 없는 일이지만 하나님께서 능력 주셔서 모든 것을 이루신 것입니다.

예수대학교 총장 공모

학다리고등학교 교장직을 수행하고 있을 때, 2008년 10월 소강석 담임목사님께서 대학교 총장으로 가라는 말씀을 주셨습니다. 광주교육청 관리국장으로 내려가지 말고 교육부 과장을 거쳐 부교육감으로 가라고 하셨던 말씀에 이어서 두 번째로 저에게 주시는 비전의 말씀이었습니다. 저는 놀랄 수밖에 없었습니다. 아직 단 한 번도 대학교 총장에 대한 꿈을 가져본 적이 없기 때문입니다.

그리고 고등학교를 졸업하고 9급 공무원으로 시작하여 주경야독으로 광주대학교 행정학 학사, 연세대학교 사회복지 석사학위와 명예박사 학위가 있었지만, 저의 스펙으로 대학교 총장이 된다는 것은 어려운 일이라는 생각이 들었습니다. 담임목사님께서 광주광역시 교육청으로 가지 말고 교육부 과장을 거쳐 광주광역시 부교육감으로 승진해서 가라는 메시지를 주실 때도 도저히 제 생각으로 이루기 힘든 일이라고 생각했었습니다.

아직까지 교육부에서 그런 사례가 없었기 때문에 안 될 거라는 생각이 들었지만 그래도 목사님 말씀대로 순종하였습니다. 그랬을 때 하나님께서 교육부 과장을 거쳐 광주광역시 부교육감으로 승진 발령을 해 주셨습니다. 그래서 이번에도 담임목사님께서 예수대학교 총장으로 가라는 메시지는 개인적인 생각으로는 어렵고 불가능한 일이지만 말씀에 순종하기로 하였습니다.

예수대학교 홈페이지에서 확인해 보았더니 이력서, 자기소개서, 학교발전 기획서를 작성하여 제출하도록 되어 있는데 기한이 3일밖에 없어서 밤낮없이 작성하여 제출하였습니다. 서류를 제출한 날 밤에 혼자 가만히 생각해 보았습니다.

'과연 내가 대학교 총장이 될 수 있을까? 이번에도 하나님께서 소강석 목사님 말씀대로 역사하여 주실까? 어떻게 나 같이 부족한 사람이 대학교 총장이 될 수 있단 말인가. 그래도 믿음으로 나가 보자. 하나님이 하시면 못할 일이 없다.'

그래서 염려와 근심을 접고 두 손 모아 하나님께 기도드렸습니다.

"하나님이 하시면 됩니다. 저는 부족하고 자격이 없는 사람이지만 하나님이 세우시면 얼마든지 할 수 있습니다. 하나님, 이번에도 제 편이 되어 주옵소서. 저를 사용하여 주옵소서. 하나님의 영광을 위해 사용하여 주옵소서. 오직 주님만 바라보며 나가겠습니다. 주님께만 순종하겠습니다. 주님의 뜻을 이루어 주옵소서."

예수대학교 총장 선발

예수대학교는 1950년 개교 이래 58년 동안 여성 학장 중에서 총장을 임명하여 왔습니다. 그런데 2008년에 학교가 재정난에 처하여 어렵고 시대의 변화에 따라 학교를 획기적으로 발전하기 위하여 총장 공모를 하게 되었습니다. 예수대학교 총장 신청은 5명이 응시하여 총장선발위원회에서 면접을 실시하게 되었습니다. 사실 면접과정을 거치면서 저는 낙담하였습니다.

저는 정식과정을 거친 박사학위가 아니라 명예박사학위를 가지고 있었으며 예수대학교는 통합측에 소속된 학교인데 저는 합동측 교회 장로였기 때문입니다. 뿐만 아니라 영어로 3분 스피치를 하라고 하는데 영어를 할 수 없다고 하였더니 면접 분위기가 좋지 않았고 만족스럽지 않았습니다. 면접관이 하고 싶은 말이 없느냐고 질문해서 이런 이야기를 했습니다.

"저는 교육부 행정고위직으로서 쌓은 경험과 학다리고등학교에서 어려운 학교를 우수학교로 발전시킨 사례가 있습니다. 무엇보다 저는 요셉처럼 가는 곳마다 하나님께서 함께하시고 축복하여 주심을 간증할 수 있습니다. 다윗도 이스라엘의 이새의 가정에 제일로 못난 목동이었지만 하나님께 합한 종이었기에 하나님께서 사무엘에게 기름을 부어 이스라엘 왕으로 삼아 주신 것처럼, 비록 실력과 스펙이 부족하지만 총장으로 임명해 주시면 기도하면서 예수대학교 발전을 위해 최선을 다하겠습니다."

면접이 끝난 후, 결과를 기다리고 있었습니다. 객관적인 상황만 보면 도저히 제가 총장에 임명된다는 것은 불가능해 보였습니다. 그러나 불가능을 가능케 하는 것이 기도요, 약한 것을 들어 강한 것을 부끄럽게 하시는 것이 하나님의 은혜입니다. 저는 면접위원에서 통과되고 이사회에서 의결되어 예수대학교 총장직에 취임하게 되었습니다. 이 모든 것이 하나님의 은혜이고 우리 목사님의 특별한 배려와 기도라고 생각합니다.

예수대학교 총장 취임

저는 예수대학교 개교 이래 처음으로 남자 총장으로 임명되어

2009년 3월 5일 취임식을 갖게 되었습니다. 하나님의 은혜와 축복 가운데 새에덴교회 소강석 담임목사님, 국회교육 분과위원이신 황우여 국회의원, 김영진 국회의원, 내외총장, 교육부 관계자, 전남대학 김윤수 총장, 지역대학 관계자, 교직원 등 400여 명이 참여한 가운데 대학 채플실에서 한국기독연합회 직전대표회장 이용규 목사님의 설교로 열렸습니다.

그날 총장 취임식 행사는 조그마한 지방 대학에서 하는 거라고는 믿기지 않을 만큼 교육계를 이끌어가는 기라성 같은 지도자들이 한 자리에 모여 화려하고 분위기도 아주 좋은 취임식이었습니다. 소강석 담임목사님께서는 대학발전기금을 전달하시면서 교회 주보에 저에 대한 예우 칼럼을 다음과 같이 게재하셨습니다.

"서 장로님은 현재의 우리 교회가 있는 이곳 땅을 사는 과정에서부터 예배당을 건축하기까지 정말 많은 수고를 하셨습니다. 우리 성도들은 서 장로님의 공로와 헌신을 간과해서는 안 된다고 생각합니다. 우리 교회가 이곳에 세워지기까지 교인들에게 우리 모두가 새에덴교회를 통해서 축복받았다면서 다시 한 번 우리 모두 힘을 모아서 하나님을 기쁘게 하는 일에 참여해서 축복을 받자며 교인들의 마음을 하나로 모으는 데 최선을 다했습니다. 그리고 교인들로 하여금 대지 구입 헌금을 작정시키고 장로님들과 함께 본인이 직접 심방 다니면서 언약의 변두리에 서 있는 사람들을 언약의 한가운데로 이끌었습니다. 마치 미국 야구의 마이너리그에서 메이저리그로 선수들이 들어오도록 이끄는 코치처럼 자원하는 마음으로 주도적인 역할을 해주었습니다."

제가 대학교 총장에 취임할 수 있도록 가슴에 꿈과 비전을 심어주시고 특별한 배려와 기도로 이끌어주신 소강석 목사님께 다시 한 번 진심으로 감사를 드립니다. 저는 취임식 후 예수대학교 총장실에 앉아서 잠시 생각에 잠겼습니다. 그리고 하염없는 눈물을 흘리며 주님께 감사 기도를 드렸습니다.

"아, 나같이 부족한 자에게 하나님은 어찌 이렇게 큰 은혜를 베푸신단 말입니까? 평생을 눈물로 갚아도 갚을 수 없는 하나님의 은혜와 사랑을 무슨 말로 표현할 수 있겠습니까? 저 고통과 시련의 나락에 떨어져 신음하고 있는 나를 다시 일으켜주시고 복된 새에덴교회를 만나게 하시고 영의 종 소강석 목사님을 만나 이렇게 귀한 자로 존귀케 해 주시니 이 은혜와 사랑을 무엇으로 갚을 수 있겠습니까? 하나님, 무조건 감사합니다. 하나님만이 나의 삶의 왕이시오 주인이십니다. 주님만이 나의 생명나무 되십니다. 앞으로도 주님만을 사랑하겠습니다. 주님만을 높이겠습니다. 주의 몸 된 교회와 주의 사자를 주님처럼 모시고 순종하며 섬기겠습니다. 모든 영광 하나님께 올려 드립니다."

화해와 치유의 통로로 쓰임 받다

예수대학교 총장으로 부임하여 학교가 처한 당면한 과제들과 현황들에 대한 파악을 하면서, 계속해서 마음속에 불편함과 영적으로 무겁게 짓누르는 문제가 있었습니다. 그것은 바로 전임 총장의 퇴진 과정에서 발생한 갈등과 반목의 상처였습니다.

그동안 하나님의 자녀로 살아오면서 주위에 치유되지 않은 상처는 악한 자의 도구로 이용되어져 또 다른 상처와 아픔과 분열을 낳는 경우를 많이 보아 왔습니다. 그래서 총장으로서 사역을 시작하면서 치유와 화해의 토대 위에서 출발하기를 원하시는 성령님의 음성이 강하게 저의 마음을 사로잡고 있음을 느낄 수 있었습니다.

> "모든 것이 하나님께로서 났으며 그가 그리스도로 말미암아 우리를 자기와 화목하게 하시고 또 우리에게 화목하게 하는 직분을 주셨으니 곧 하나님께서 그리스도 안에 계시사 세상을 자기와 화목하게 하시며 그들의 죄를 그들에게 돌리지 아니하시고 화목하게 하는 말씀을 우리에게 부탁하셨느니라"(고후 5:18-19).

전임 총장이셨던 양광자 박사는 예수대학교 6회 졸업생으로서 보스턴대학교에서 교육공학을 전공하고 본 대학의 4, 5, 6대 학장으로 학교를 섬겼고 이후 2003년 4년제 대학인가를 받은 후에는 제1대 총장으로 봉직하셨던 분입니다. 학교에 대한 애정과 후학들에 대한 열정적인 삶은 학교가 양적으로 뿐만 아니라 내적인 성장을 위한 제반 조건들을 준비하는 데 큰 기초를 놓은 분이셨습니다.

하지만 3년제에서 4년제 대학으로 승격하면서 학생 수 인원감축으로 인해 재정 여건의 악화에 직면하게 되고, 교직원들의 보수를 지급하는 데 어려움으로 발단된 갈등은 암투병 중인 병세를 더욱 악화시키게 되었습니다. 결국 독신이셨던 양광자 총장님은 임기를 다 채우지 못하고 불명예스럽게 미국으로 떠나셨으며 병상에서 암과 외롭게 싸움을 하고 계셨습니다.

저는 예수대학교 3대 총장으로 취임하여 개교 60주년을 맞을 준비를 하면서, 학교를 설립하신 변마지 선교사님을 비롯한 교장, 학장, 총장님들의 치적을 꼼꼼히 살펴보기 시작했습니다. 가난과 질병 그리고 여성 차별이 만연한 한국 땅에 오셔서 그 어려운 시기에 헌신과 피눈물과 땀을 흘려 기도하며 학교를 세우신 분이 변마지 선교사님이시고, 그분으로부터 직접 배우고 그 삶의 모습을 본받아 학교를 양적, 질적으로 성장시키기 위해 열정적으로 삶을 헌신하셨던 양광자 박사님의 학교에 대한 애정과 헌신의 모습은 저의 가슴에 큰 울림으로 다가왔습니다.

그리고 이런 분이 외롭게 병상에서 상처와 아픔을 안고 투병을 하고 계실 것을 생각하니 마음이 너무 아팠습니다. 그래서 이 문제를 놓고 총장실에서 무릎 꿇고 하나님께 간절히 기도하기 시작했습니다.

"하나님! 상처가 또 다른 상처를 낳고 깊어진 상처가 분열과 더 큰 아픔을 낳게 되는데 어찌 해야 하는지요? 주님은 치유와 화해의 주님이시오니 종에게 주님의 마음과 지혜를 주셔서 예수대학교 캠퍼스와 모든 구성원들의 마음에 치유와 화해와 용서와 사랑의 물결로 채워주십시오. 주님께로부터 보내심을 받고 이제 총장으로 출발을 하려 하는데 갈라진 마음들, 미움과 외면과 용서하지 못하는 마음들을 주님의 보혈의 능력으로 녹이시어 주님의 이름을 드러내는 데 부끄럽지 않은 예수대학교가 되게 하여 주소서!"

눈물과 함께 드려지는 기도 가운데 화해와 일치의 자리를 마련해야겠다는 생각이 가지게 되었습니다. 때마침 개교 60주년이 다가오고 있었습니다. 전 교직원의 이름으로 양광자 박사님께 마음을 담은 감사편지와 함께 약간의 위문금을 보내면서 60주년 기념 자리에 꼭 참석해주셔서 공로패와 명예총장 임명장을 받아 주시도록 소식을 전하였습니다.

하지만 아쉽게도 병세가 더 깊어져 거동하시기 힘든 상태라는 답을 들었습니다. 이 소식을 듣고 저는 곧바로 함께 오랫동안 학교에서 일했던 동문 교수를 보내어 병상을 찾도록 했습니다. 동문 교수

편에 양광자 박사님의 헌신에 감사를 드리는 공로패와 명예총장 임명장을 보내고, 병상에서 회복되기를 간절히 바라는 교직원들의 바람을 함께 전하였습니다.

병상에서 외롭게 투병 생활하시던 그분은 학교에 고마움을 마음을 담아 답해주셨습니다. 3개월 후 양광자 전 총장님은 하나님의 부르심을 받아 하나님의 품에 안기셨다는 소식을 유족들로부터 전해 들었습니다. 유족들은 마지막 이 땅에서 마음 편하게 가실 수 있도록 해주셔서 감사하다는 인사를 전해왔습니다.

이 모든 과정들을 거치면서 하나님께서는 화해와 하나 됨의 마음으로 새롭게 출발할 수 있도록 역사하셨습니다. 총장으로서 임기를 시작하며 성령님이 주시는 마음을 외면했다면 이 땅에서 영영 상처와 아픔을 남겨 이후 하나님의 역사하여 주심을 누리지 못하였을 것입니다.

믿음의 사람들은 늘 주님과의 친밀한 관계 속에서 우리를 인도하시는 성령님의 음성에 순종해야 합니다. 흔히 우리는 순종을 무언가 행하는 행동으로 생각합니다. 하지만 제가 생각하는 순종은 행하기 이전에 주님의 마음을 아는 것부터 시작되는 것입니다. 그리고 주님의 마음을 아는 것은 일상을 살면서 주님께 나의 마음이 초점을 맞추며 살 때 자연스럽게 알게 해 주십니다.

그래서 순종은 행함이 아니라 주님과의 친밀한 관계 속에서 먼저 주님의 마음이 나의 마음이 되는 것을 경험하는 일에서 시작됩니다. 그리고 알게 된 주님의 마음에 감사와 기쁨으로 그 일을 행동으로 옮기는 것이 순종입니다.

총장으로 임기를 시작하며 먼저 하나님의 마음을 알게 해주시고, 순종하게 하여 주시는 은혜를 누리고 경험한 것이 지금 돌이켜 보면 얼마나 감사하고 큰 은혜인지 모릅니다.

"하나님 아버지! 살아가면서 하나님 아버지께서 얼마나 크고 놀랍고 깊으신 분이신지를 지금도 경험하게 해주셔서 진정 감사를 드립니다. 하나님 아버지의 은혜는 정녕 끝이 없으십니다! 무한 감사드립니다!"

예수대학교의 캠퍼스를 기도로 물들이다

예수대학교는 마가렛 프리차드 선교사의 기도와 헌신 그리고 수많은 믿음의 선배들의 눈물의 희생 위에 세워진 학교입니다. 예수대학교는 지금까지 은혜로운 채플과 신앙훈련의 과정을 밟으면서 참으로 수많은 눈물의 기도가 쌓여 왔습니다. 하지만 제가 총장으로서 섬기러 왔을 때에는 그동안 여러 가지 일들로 인하여 쌓여 왔던 반목과 질시, 용서하지 못함이 캠퍼스 내에 많은 심령들을 영적으로 메마르게 해 왔음을 느낄 수 있었습니다.

이러한 영적인 상태는 훗날 저와 함께 학교에 임용된 학교 목사님의 입을 통해서도 확인할 수 있었습니다. 교목 목사님 역시 제가 부임해서 영적으로 느꼈던 것들을 똑같이 느끼고 있었습니다. 사실 제가 처음 부임했을 때는 기도를 막는 무언가가 무겁게 짓누르고 있는 것들이 있음을 확연하게 느낄 수 있었습니다. 그래서 처음에는 학교를 위해 무릎 꿇고 기도하기에 무척 힘든 시간들을 보내야 했습니다.

매일 총장실에서 무릎 꿇고 눈물로 기도하였습니다.

"하나님의 은혜가 예수대학교에 흘러넘치게 해 주소서. 기도의 강물이 넘쳐흐르게 하소서. 성령의 임재가 가득한 학교가 되게 하소서. 선교사들의 피와 희생 위에 세워진 순결한 영성을 회복하게 하소서. 그리스도의 사랑과 섬김으로 화해하고 화목하게 하소서."

학교를 위해 기도하면서 하나님이 주신 지혜를 통하여 오랫동안 쌓여왔던 반목과 질시의 문제들을 실제적으로 하나하나 풀어 나갔습니다. 이런 과정 속에서 캠퍼스의 기도자들을 더 많이 훈련시키고 기도의 초점을 하나로 모을 필요를 느끼기 시작했습니다. 그래서 아주 오래전에 중단된 새벽기도회를 시작할 것을 제안했습니다. 새벽기도의 불꽃을 시작으로 학교 전체를 기도로 물들이기 위해서였습니다.

다시, 새벽기도회를 시작하다

매일 아침 기숙사에서 생활하는 학생들과 함께 새벽제단을 쌓았습니다. 총장으로서 업무 관계로 전주를 떠나 있지 않은 이상 몇 년 간 단 하루도 빠지지 않고 새벽제단을 쌓았습니다. 새벽을 깨우고 채플실에 나가 주님 앞에 고개를 조아리고 엎드려 기도하였습니다.

"여호와 하나님이 예수대학교의 진정한 주인이시고 총장이십니다. 주인 되시는 여호와 하나님께서 친히 이 믿음의 대학을 이끌어 주소서. 교직원과 학생들 모두가 주님 앞에 엎드려 하나 되게 하시고 한마음으로 나가게 하소서. 다시 한 번 숭고한 예수 그리스도의 희생정신을 꽃피우는 학교가 되게 하시고 주님이 기뻐하시는 대학으로 거듭나게 하소서."

실제로 하나님께서는 새벽기도의 간구에 응답하셔서 많은 대학이 운영에 있어서 어려운 시기에 예수대학 같은 지방 소규모 사립대학이 시설 및 교육환경 개선을 위한 정부의 재정적 지원을 받을 수 있도록 해 주셨습니다. 그리고 학교 교육 평가에도 높은 점수를 받아 잘 통과할 수 있도록 해 주셨습니다.

현재 예수대학교는 새벽기도를 시작으로 아침에는 각 기독 동아리들의 Q.T와 기도, 채플을 통한 찬양과 기도, 교수기도회, 목요중보기도회, 점프기도회, 학부모 기도회에 이르기까지 캠퍼스에서 기도가 끊이지 않는 학교입니다. 예수대학교가 기도의 등불을 꺼뜨리지 않는 한 하나님께서는 반드시 더 높여주시고 성장시켜 주실 것입니다. 이 모든 은혜를 하나님께서 베풀어 주셨고, 지금도 하나님께서 이끌어 가고 계심을 확신합니다.

신입생 오리엔테이션 JUMP와 소그룹 공동체(세움 공동체)

새내기들은 두려움과 더불어 설레는 기대감을 가지고 대학 캠퍼스에 발을 내딛게 됩니다. 특히 전문 간호사와 사회복지사의 꿈을 안고 들어오는 신입생들에게, 바른 인성과 탄탄한 실력에 기초하여 꿈을 이룰 수 있도록 최선을 다하고 있습니다. 무엇보다 예수대학교는 두 분야(간호, 사회복지)에 있어서만큼은 특성화되어 있다고 말할 수 있습니다.

이런 모습을 갖추기 위하여 예수대학교는 신입생 오리엔테이션을 특별하게 준비하며 시행하고 있습니다. 이를 JUMP(Jesus University Membership Passion)라 부릅니다.

보다 나은 삶을 위하여! (For the better life!!!)
보다 나은 세상을 위하여! (For the better World !!!)

보다 더 하나님께 영광을 돌리기 위하여! (For the glory of God!!!)

이러한 표어 아래 예수대학 신입생들과 재학생들이 JUMP하는 인생이 될 것을 결단하는 시간을 갖습니다.

이러한 목적을 가진 점프는 신입생이 들어오기 10개월 전부터 재학생들의 자발적인 참여와 헌신으로 시작합니다. 해마다 5월에는 아직 얼굴도 모르는 신입생들을 섬기기 위한 JUMPer를 모집합니다. 해마다 필요로 하는 85명의 인원을 훨씬 뛰어넘어 140명 이상의 지원자들이 몰립니다. 이렇게 선발된 JUMPer들은 재학생 자체적으로 섬기기 위한 조직, 주제, 프로그램 등 모든 것들을 재학생들 스스로 만들어 갑니다.

매주 목요일 아주 빡빡한 수업 일정으로 그나마 자유로운 시간을 가질 수 있는 점심시간을 할애하여 평균 20-30명의 학생들이 자발적으로 모여 중보기도로 모입니다. 그리고 매주 각 팀은 인간의 지혜와 힘이 아니라, 하나님께서 JUMPer들의 마음 가운데 하나님의 사랑으로 채워주시고, 그 사랑이 신입생들에게 흘러갈 수 있도록 은혜를 베풀어 달라고 간절히 기도하며 준비합니다.

"내가 사람의 방언과 천사의 말을 할지라도 사랑이 없으면 소리 나는 구리와 울리는 꽹과리가 되고 내가 예언하는 능력이 있어 모든 비밀과 모든 지식을 알고 또 산을 옮길 만한 모든 믿음이 있을지라도 사랑이 없으면 내가 아무것도 아니요 내가 내게 있는 모든 것으로 구제하고 또 내 몸을 불사르게 내줄지라도 사랑이 없으면 내게 아무 유익이 없느니라"(고전 13:1-3).

여름방학과 겨울방학 때에도 임원들과 각 팀들은 매주 모여 기도로 준비하며 신입생들을 섬길 준비를 합니다. 그리고 매년 2월이 되면 예수대학교에는 감동의 눈물과 감사가 신입생들의 입에서뿐만 아니라, 학부모님들과 JUMP를 준비했던 모든 선배들의 입술에서 "이 모든 것은 하나님이 하셨습니다! 감사합니다!"라는 고백이 터져 나옵니다. 신입생들은 이때 받은 섬김의 감동으로 대학이라는 새로운 인생의 도약을 위한 출발점에서 가질 수 있는 모든 불안과 두려움을 떨쳐 버리고, 좋은 선후배와 동기들의 관계를 맺게 되고, 학업과 진로에 대한 실제적인 안내와 도움을 받게 됩니다. 그리고 섬김을 받았던 새내기들은 5월에 선발하는 JUMP에 자원하여 준비하는 과정을 밟아나가게 됩니다.

4년 동안 계속해서 섬기는 학생들도 많고, 군에 입대한 선배들이 JUMP에 휴가를 맞추어 섬기기도 했습니다. 그리고 이미 졸업한 선배들도 JUMP 기간 동안 학교에 와서 신입생을 섬기는 전통을 세워나가고 있습니다. 하나님이 만져주시는 마음과 감동 없이는 6년째 지속적으로 한결같은 열정으로 세워나가기는 불가능한 일일 것입니다.

이렇게 JUMP를 통하여 선배들로부터 섬김을 받고 들어온 새내기들은 매주 목요일 지도교수와의 소그룹 만남을 통하여 긍정적 인간관계를 형성하고 전공 분야에 대한 정체성을 분명하게 알게 되며, 지도교수 및 선배들과의 인격적 교류를 통하여 진로 및 삶에 대한 우선순위와 가치들을 깨달아 알아갑니다.

'하나님 나라와 하나님 나라의 인재들'이라는 큰 주제 아래 매 학기마다 다양한 프로그램을 통하여 '존귀한 존재로서의 나' '존귀한 존재로서의 너' '함께하는 우리' '건강한 사회'의 가치들을 배우고 세워나갈 준비를 합니다. 특히 매년 여수애양원과 손양원 목사님 기념관 등을 방문하여 하나님의 사랑을 이웃에게 나누는 삶을 살았던 분들의 섬김과 돌봄의 모습들을 배우며, 준비된 하나님 나라의 인재들로 살아갈 것을 꿈꾸는 데 도전을 주기도 합니다.

대학에 들어와서 어렵게 느껴지던 교수님과의 만남을 통하여 실제적인 진로 및 상담을 하게 되고, 선배들을 통하여 학습과 진로에 대한 구체적인 방향들을 살펴봄으로써, 학생들이 실제적인 도움을 받고 기뻐하는 모습들이 일상이 되고 있습니다. 이 모든 것들이 하나님께서 만드셨고 하나님의 대학인 예수대학교는 이후로도 변함없이 하나님만 붙잡고 나아가는 한 앞으로도 하나님의 주권이 넘쳐흐르는 대학으로 세워주실 것을 확신합니다.

예수대학교 비전

예수대학교는 1950년 재단법인 미국남장로교 한국선교회 유지재단에서 변마지 선교사님에 의하여 사랑과 진리를 실천하는 기독교 인성교육을 목적으로 예수병원 부속 간호기술학교로 설립되었습니다. 그리고 1962년 예수병원 간호학교 1976년 간호전문대학 2003년에 4년제 대학으로 승격되었고 2004년 사회복지학부가 인가되었습니다.

부족한 제가 2009년 예수대학교 3대 총장으로 취임하여 지금까지 이어져 온 대학의 실립 정신과 이념을 계승하고 급변하는 고등교육 환경에 적극 대응하며 글로벌 환경에 부흥하고자 새로운 변화와 도전정신으로 세워나갔습니다. 2001년 개교 60주년을 맞이하여 우리 대학은 세계와 지역에서 돌봄과 나눔을 실천하는 크리스천 미션 리더 교육의 명문대학으로 선포하였습니다. 그리고 한 단계 더 도약하기 위해 교육의 질을 강화하고 지역협력 및 국제협력 선도에 앞장서며 연구 역량 강화 및 우수한 기독인재를 양성하는 대학으로 성장하려고 노력하고 있습니다.

또한 개교 60주년을 기해서 신명기 32장 7절 "옛날을 기억하라 역대의 연대를 생각하라 네 아버지에게 물으라 그가 네게 설명할 것이요, 네 어른들에게 물으라 그들이 네게 말하리로다"라는 말씀대로 역사관을 만들었으며 동문회에서는 3억의 기금을 모금하여 동문회 장학재단을 설립하였습니다.

또한 아시아, 아프리카, 유럽, 남아프리카 등 열방과 국내 각처에서 예수 그리스도의 사랑과 희생의 정신을 실천하며 살아가는 졸업생들과 선교사님들이 우리 대학의 자랑입니다. 이러한 고귀한 전통과 학풍을 이어가고 시대 변화에 대응하여 더 발전하는 학교가 될 수 있도록 인재양성에 더욱 힘쓰고 있습니다.

교육부 주관 대학교육 역량 강화사업 선정

대학의 재정과 학교운영이 어려운 여건 가운데 CEO 총장으로 취임한 후 교육부에서 학생입학률, 취업률, 장학금 지급률, 교육비 환원률, 전입교원 확보율, 수업내실화 등을 평가하여 우수대학 30%를 선정하여 지원하는 대학교육 역량 강화사업이 시행되었습니다.

우리 대학은 5,000명 이하 소규모대학 평가에서 하나님의 은혜로 우수대학으로 선정되어 1년에 10억 이상, 5년 동안 계속 지원을 받게 되었습니다. 이를 통해 그동안 쌓여온 학교 부채를 상환하고 60여 년 동안 노후된 교육환경을 60여 억 원을 들여 전면적으로 리모델링할 수 있었습니다. 그리고 부채가 10억 원이 있었는데 부채를 상환하고 적립금을 10여 억 원 이상 비축할 수 있게 되었습니다. 다시 한 번 요셉과 함께하신 하나님의 은혜와 축복이 예수대학교에도 함께하신 것입니다.

이처럼 학교 운영이 원활하게 돌아가고 재정 자립도가 올라가자 학교 내 교직원들과 이사님들로부터 인정을 받게 되었습니다. 어려운 가운데서 총장으로 취임하여 문제를 해결하지 못하고 더 낙후가 되면 하나님의 영광을 가리는 일이 아니겠습니까? 그리고 저를 추천하고 기도해 주신 담임목사님께도 누가 되지 않겠습니까? 그러나 하나님의 은혜로 학교를 안정적으로 운영할 수 있게 해 주셔서 너무나 감사드렸습니다. 하나님께서 부족한 저를 요셉처럼 따라다니면서 복을 주신 것을 생각하면 얼마나 감사한지 알 수 없습니다. 그저 감사요, 아멘이요, 충성이요, 사명이요, 찬송할 뿐입니다.

예수대학교(KOICA) 국제사업 선정과 지역 사회 섬김과 봉사(JU보건복지센터)

우리 대학은 2010비전을 제시하면서 세계와 지역에서 돌봄과 나눔을 실천하는 명문대학으로 나아갈 수 있도록 노력하였습니다. 학생들에게 세계 속에 돌봄과 나눔을 실천하는 글로벌 시민역량을 키우기 위해 여러 나라에서 해외 봉사 프로그램을 실시해 왔으며, 특히 2012년에는 한국국제협력단(KOICA) 사업에 응모하여 180여 개 대학 중 40여 개 우수대학에 선정되어 2년 동안 10억 원을 지원받아 캄보디아 프롬젠 인근 지역 칸달 주, 스와이리엠 주, 프롬젠에 4명의 교수 및 학생 선교사를 파송하였습니다. 이들은 그 지역의 의료진과 함께 만성질환 예방과 퇴치 및 의료교육 선교 등의 사업을 통해 헌신적으로 복음을 나누고 사랑을 실천하는 값진 사역의 삶을 보여주었습니다.

해외 봉사는 캄보디아뿐만 아니라 라오스, 방글라데시, 인도, 몽골, 스리랑카 등에서 보건교육, 음악교육, 레크리에이션, 보건 생활환경 조성 사업 등을 통해 그리스도께서 우리에게 보여주신 사랑과 은혜를 돌봄과 나눔의 형태로 실천하고 있습니다.

특별히 이러한 해외 봉사 활동에 하나님께 감사드리는 마음이 큰 이유는 총장으로 부임하며 하나님께 기도했던 것에 대한 응답으로 확신하고 있기 때문입니다. 총장 부임 당시 저는 학교가 나아갈 방향에 대해 이렇게 기도하곤 했습니다.

"하나님! 60여 년 전 가난과 질병, 절망의 그림자가 짙게 깔려 있던 이 땅에 하나님의 사람인 프리차드 선교사님을 보내어 소망과 희망의 새로운 삶을 살아갈 수 있도록 인도하셨듯이, 이제 은혜의 복음을 받았던 저희가 하나님의 은혜를 필요로 하는 곳에 나누어 줄 수 있도록 역사해 주소서!"

하나님께서는 이 기도에 놀라운 방법으로 응답해 주셨습니다. 그리스도의 사랑을 담은 예수대학교 학생들과의 만남으로 어려운 지역의 어린 아이들이 우리가 꿈꾸었던 꿈-받은 은혜를 나누어 주는 축복의 통로자로 쓰임 받는 선교적 삶을 사는-을 언젠가 그들도 가질 수 있도록 역사하여 주실 것을 확신합니다.

또 다른 한편으로 그리스도의 사랑으로 돌봄과 나눔을 실천하는 대학으로 온전히 나아가기 위해서 예수대학교는 지역 사회 속으로 들어가 지역사회가 필요로 하는 간호, 사회복지 서비스를 개발하고 제공하는 일을 지속해 오고 있습니다.

먼저 지역사회 사업으로 3년간 15억 원을 지원받아 전주시 방문건강관리사업을 위탁받아 섬길 수 있게 되었습니다. 이 사업은 경제적 분배과정에서 소외된 전주시에 거주하는 의료취약계층-취약계층, 북한이탈주민, 만성질환자, 재가 장애인과 가족 및 재가 암 환자 및 가족, 취약계층 여성과 어린이, 노인 등-등에 대한 방문건강관리를 담당하는 일입니다.

사실 이 사업은 보건복지가 특성화된 예수대학교가 가장 잘 담당

할 수 있는 일이라고 생각됩니다. 지역사회 내의 30여 개의 복지기관 및 유관기관과 협력체계를 구축하여 도움을 필요로 하는 분들께 가사서비스, 도시락 및 점심 식사제공, 이·미용 서비스, 웃음 치료, 요가, 체조, 생필품 및 연탄제공 등 다양한 서비스를 예수대학교가 주축이 되어 제공하고 있으며, 50여 개의 의료기관과 연계하여 한방·양방 의료서비스를 도움이 절박하고 긴급하게 필요한 사람들에게 제공하고 있습니다.

이 사업(전주시 방문건강관리사업)과 함께 계속해서 자랑스럽게 말하고 싶은 예수대학교 보건복지센터(JU보건복지센터)를 담당하고 있는 교직원들은 다른 업무를 선교적 사명을 가지고 일하는 예수대학교 교직원들처럼, 총장인 제가 볼 때에도 묵묵히 헌신하며 최선을 다하고 있습니다. 이런 일들은 화려하게 드러나 보이는 일들이 아니라 그야말로 보이지 않는데서 그리스도의 의(義)를 드러내는 일이기에 소명과 사명 없이는 지속하기 어려운 일입니다.

이러한 선교적 열정과 헌신은 전주시에 거주하는 취약계층 주민들에게 지역담당 간호사가 체계적이고 지속적인 방문을 통하여 자가건강관리 능력 및 삶의 질 향상에 기여해 왔을 뿐만 아니라, 북한이탈주민, 다문화가족 등 이주 집단의 건강한 삶에 애정어린 관심을 가지고 프로그램을 진행함으로써, 대한민국에서 살 수 있는 적응력을 높여 왔습니다. 돌이켜보면 이 모든 일들을 가능하게 하신 이는 여호와 하나님이시며, 복음을 받은 자의 삶에서 복음의 씨앗을 뿌리며 거두는 학교로 거듭나게 하신 이도 우리 주님이심을 진정으로 고백합니다.

앞에서 말씀드린 전주시 방문건강관리사업과 더불어 제가 크게 자랑하고 싶은 것은 예수대학교 보건복지서비스센터(JU보건복지센터)입니다. JU보건복지센터는 대학의 인적, 물적 자원을 활용하여 지역사회 봉사에 앞장서 왔습니다. 1년에 약 20개 이상의 봉사활동에 전체 학생의 50% 이상이 참여하고 있으며, 학교는 이들이 지속적으로 섬길 수 있도록 체계적인 관리와 지원을 하고 있습니다. 이런 활동을 통하여 학생들의 책임성, 이타성 및 주체적 삶의 의식을 고양시키고, 학생 스스로 직접 프로그램 개발 및 실천을 할 수 있는 역량을 갖춘 하나님 나라의 인재들로 성장하고 있습니다. 이들은 지역사회의 노인, 장애인, 아동, 청소년, 다문화가족, 새터민 등을 대상으로 이들의 희망을 키우고 있으며, 환우 및 어르신들의 재활 의지 및 건강 증진을 위한 활동 등을 통해 '나를 세우고 남을 세우는' 세움인재로서의 배움과 훈련을 젊음의 때부터 몸에 익히고 있습니다.

이러한 활동을 통해 예수대학교는 지역과 소통하며 섬김과 봉사의 징검다리가 되고 있으며, 많은 예수대학교 학생들이 세계를 향하여 그리스도의 사랑과 희생의 등불을 밝히는 그리스도의 대사로 살아갈 꿈과 비전을 품게 되었습니다.

총장에 재임되다

　예수대학교 총장에 선임될 때는 지역신문에 박사학위 취득이 아닌 명예박사학위를 가지고 총장에 선임되었다는 부정적 여론도 있었습니다. 다른 분들에 비해서 화려한 스펙도 없고 총장으로서 만족하지 못한 점이 동문이나 교직원 사이에 있었던 것이 사실입니다. 그런데 하나님께서 질그릇 같은 저에게 은혜를 베풀어 주셔서 허물을 감추어주시고 오히려 귀한 그릇으로 사용하여 주셨습니다.

　교육부 교육 역량 지원 사업에 선정되어 학교환경도 개선하고 교육활동에도 활성화를 하였으며 부채는 상환하고 10억의 적립금을 확보하였습니다. 코이카, 캄보디아 국제협력 사업으로 의료 선교활동에 기여하게 되었습니다. 이러한 성과를 보고 학교 동문회와 교직원들도 큰 격려와 호응을 해 주었습니다. 그래서 2012년에 교직원과 동문회와 이사회에서 결의하여 총장직을 재임토록 해 주었습니다. 총장을 한 번 한 것만으로도 감사한데 재임을 하게 해 주신 것입니다.

　동문회 대표님도 저에게 이런 말씀을 해 주셨습니다.

　"처음에는 총장님에 대해서 만족하지 못하고 추천한 소강석 목사님도 좋지 않게 생각했습니다. 그런데 하나님께서 총장님과 함께 하심을 보고 생각을 달리하게 되었습니다. 총장님이 오신 이후로 예수대학교가 기도하는 학교로 변하고 큰 복을 받았습니다. 총장님을 하나님께서 우리 학교에 보내주신 것을 감사드립니다. 그리고 훌륭하신 능력의 종 소강석 목사님께도 감사합니다."

저는 동문회 대표님께서 말씀하시는 것을 보고 약한 자를 들어서 쓰시는 하나님의 능력을 다시 한 번 경험하였습니다. 하나님께서 역전케 하신 것입니다. 하나님은 언제나 당신 앞에 나와 간구하는 자를 외면하지 않으십니다. 곤고한 형편과 어려움을 살펴주시고 도움을 주십니다. 막힌 담을 허시고 축복의 문을 열어주십니다.

저는 예수대학교 총장으로 재직하는 동안 새 길을 열어주시고 비상하게 하시는 하나님을 경험하였습니다. 하나님은 실력이나 스펙을 보고 사용하시는 것이 아니라 당신의 손에 붙들린 자를 쓰십니다.

"총장님, 백두산 천지 볼 수 있다고 하셨잖아요?"

예수대학교 총장으로 재직하고 있을 때 잊을 수 없는 한 가지 사건이 있습니다. 중국 연변에서 교직원들과 수련회를 하면서 백두산 천지를 등반하였습니다. 그런데 천지는 날씨가 좋지 않으면 올라가도 볼 수가 없습니다. 그래서 대부분 올라가서 보지 못하고 내려오는 경우가 허다하다고 합니다. 그런데 교직원들이 천지를 오르기 전에 걱정부터 하는 것입니다.

"총장님, 천지까지 올라갔는데 보지도 못하고 내려오면 어떡하지요? 오늘 날씨도 좋은 편이 아니라 그냥 허탕만 치고 내려오는 것 아닐까요?"

그래서 제가 이렇게 대답했습니다.

"교수님들, 우리 예수대학교가 어떤 학교입니까? 하나님의 대학이 아닙니까? 하나님의 대학을 섬기고 있는 총장과 교직원들이 이렇게 왔는데 하나님이 안 보여 주시겠습니까? 걱정하지 마세요. 하나님이 반드시 보여 주실 것입니다."

교직원들에게 이렇게 말을 해 놓고도 가슴 한쪽에는 천지에 올라갔는데 안개가 끼어서 보지 못하고 내려오면 어떡하나 하는 조금은 걱정스런 마음도 들었습니다. 그런데 아니나 다를까 천지에 올라갔더니 안개가 자욱하니 캄캄해서 아무것도 보이지 않는 것입니다. 실망감이 이루 말할 수 없었습니다. 그랬더니 교수들이 저에게 와서 은근히 원망 섞인 말을 했습니다.

"아니, 총장님! 분명히 하나님이 천지를 보여주신다고 하지 않으셨습니까? 그런데 이것이 어떻게 된 것입니까? 안개 때문에 아무것도 볼 수 없잖아요. 총장님 말씀이 틀린 것 같네요."

저도 할 말이 없었습니다. 정말 온통 캄캄한 안개가 자욱해서 한 치 앞도 볼 수 없는 상황이니 뭐라고 변명을 할 수가 없었습니다. 그래서 저는 그저 기도하고 기다리자는 말밖에 할 수 없었습니다.

"교수님들, 우리 함께 기도합시다. 우리가 한마음으로 기도하면 하나님께서 안개가 걷히게 하시고 천지를 볼 수 있게 해 주실 것입니다. 믿고 기도합시다. 분명히 천지를 보게 될 것입니다."

그래서 함께 힘을 모아 기도를 했습니다. 다른 누구보다 저는 정말 간절하게 기도를 하였습니다.

"하나님, 제가 교수들에게 호언장담을 하고 올라왔습니다. 하나님의 대학 총장과 교수들이 올라왔는데 하나님이 천지를 안 보여 주시겠느냐고 믿음으로 선포하고 올라왔습니다. 하나님, 응답해 주세요. 어서 빨리 안개가 걷히고 저 푸르고 맑은 천지를 볼 수 있도록 도와주세요."

그렇게 눈을 감고 간절히 기도하였습니다. 그런데 얼마의 시간이 지났을까요? 한 10분 정도가 흘렀을 즈음에 눈으로 보기에도 믿기 힘든 놀라운 광경이 우리 눈앞에 펼쳐졌습니다. 제가 하나님께 기도하자고 말한 후 정확히 10분 정도가 지났을 때 거짓말처럼 그 캄캄한 안개가 순식간에 사라져 버리고 맑고 청명한 하늘과 천지의 풍경이 눈앞에 펼쳐지는 것입니다.

안개가 걷히기 전

안개가 걷힌 후

그러자 옆에 서 있던 교직원들도 함께 탄성을 지르며 놀라 하는 것입니다.

"야, 우리 총장님 기도의 능력이 정말 세구나. 어떻게 기도하자마자 이렇게 순식간에 거짓말처럼 안개가 걷힐 수 있단 말인가. 그렇게 캄캄했던 날씨가 이렇게 청명하고 맑은 날씨로 변할 수 있단 말인가."

그 사건 이후에 교직원들도 저의 영권과 리더십을 인정하고 총장을 중심으로 전 교직원들이 하나 되는 학교 분위기를 만들어갈 수 있었습니다. 저는 안개가 잔뜩 낀 백두산 천지에 서 있을 때 모세가 이스라엘 백성들을 이끌고 애굽을 나와 광야를 걸어갔던 풍경이 떠올랐습니다. 이스라엘 백성들도 모세를 얼마나 원망하였습니까? 홍해 바다 앞에서도 원망했고, 광야에서 목마르고 배고플 때도 불평을 하였습니다.

그러나 모세는 그때마다 하나님께 기도하면서 홍해를 가르고 광야에 샘물이 나게 하고 만나와 메추라기를 먹이면서 건너갈 수 있었습니다. 저 또한 지금까지 살아온 인생을 뒤돌아보면 모든 순간순간이 하나님의 은혜요, 섭리요, 인도하심이었습니다. 기도하지 않고는 한 걸음도 나아갈 수 없는 삶이었습니다. 예수대학교 총장으로 섬길 수 있었던 것도 오직 하나님의 은혜였습니다.

🌳 아내의 기적 같은 건강 회복

제 개인적으로 예수대학교 총장으로 재직할 수 있었던 것은 하나님께서 주신 영광의 면류관이었습니다. 어려운 가운데도 모든 것을 던져서 하나님의 성전 건축을 위해서 희생하고 몸 바쳐 교회와 주의 사자를 위해서 충성하였을 때 하나님께서 더 큰 축복과 기적을 베풀어 주셨습니다. 이러한 복은 저뿐만 아니라 우리 가족 모두에게 함께하였습니다.

특별히 아내는 결혼 이후 3남매 출산 후 산후 조리 후유증과 자녀들을 양육하고 직장생활을 하면서 건강이 악화될 대로 악화되었습니다. 게다가 아내마저 점점 신앙생활이 나약해지면서 마음의 기쁨과 감사가 없어졌습니다. 결국 아내는 심장판막 뇌경색, 악성빈혈, 위궤양, 고관절 등 병이 악화되고 허약 체질이 되었습니다. 종합병원에서 약을 처방해도 몸에서 받아들이지 않고 거절하여 복용하기가 어려울 지경에 이르렀습니다.

그러한 가운데 우상처럼 사랑하던 첫째 딸이 하나님의 부르심을 받았으니 아내의 건강 상태가 어떻게 되었겠습니까? 몸과 마음이 다 무너져 버렸습니다. 그래서 아내가 새에덴교회 처음 왔을 때는 50대인데도 60세 이상으로 보일 정도로 건강이 극도로 악화된 상태였습니다. 무엇보다 큰딸을 잃은 상실감에 마음이 안정되지 않고 계속해서 방황하고 있었습니다. 그런 아내를 보는 제 마음도 무너졌지만 제가 해 줄 수 있는 일이 아무것도 없었습니다.

그런데 새에덴교회 소강석 목사님을 만난 후 아내는 완전히 180도 변화되었습니다. 무엇보다 담임목사님의 설교 말씀에 큰 은혜를 받았습니다. 예배 시간마다 얼굴이 눈물이 범벅이 될 정도로 그 동안 가슴 깊이 뿌리 박혔던 쓴 뿌리와 상처를 치유 받았으며 하나님의 사랑과 은혜로 가득하기 시작했습니다.

실의에 빠져 신앙을 방황하고 있던 아내는 새에덴교회에 와서 매 예배시간마다 은혜 받고 새 힘을 얻기 시작했습니다. 하나님께서 점차 우리 가정에 꿈과 비전을 주시고 함께하시므로 하나님께 영광 돌리는 가정으로 변화시켜 주셨습니다. 온 가족이 교회와 담임목사님께 순종하며 충성하기로 작정하고 예배와 기도에 사명을 걸었습니다.

그래서 아내는 교직을 내려놓고 아침부터 저녁까지 전도를 하고 다녔습니다. 이건 누가 시켜서 한 것이 아닙니다. 아내 스스로 주님께 받은 은혜가 너무 크고 감사해서 그 은혜와 사랑을 전달하지 않고는 견딜 수 없는 마음에 거리의 전도자가 된 것입니다. 그런 아내의 변화된 모습을 보면서 눈물로 감사드리지 않을 수 없었습니다.

"딸을 잃고 거리를 눈물로 방황하던 아내가 지금은 온 얼굴에 가득한 미소를 지닌 채 예수 그리스도의 복음을 전하고 있다니요. 하나님, 이 얼마나 큰 사랑이요 은혜입니까? 주님, 감사드립니다. 새에덴교회와 소강석 목사님을 만나게 하신 하나님 감사드립니다. 저희 온 가족은 앞으로 오직 주님만을 섬기며 높이겠습니다. 새에덴교회와 소강석 목사님을 위해서 목이라도 내어줄 정도로 가장 충성하고 섬기는 가정이 되겠습니다."

거리의 전도자가 된 아내는 3년 동안 최우수 전도왕이 되어 하나님께 영광 돌렸습니다. 또한 성전 건축을 위해 벽돌 한 장이 되겠다는 마음으로 저와 함께 눈물로 헌신하고 충성하였습니다. 그러한 가운데 그 아프고 고통스러웠던 모든 질병이 깨끗이 치료되었습니다. 0.2였던 시력이 1.2가 되어 안경을 쓰지 않고도 원근을 다 볼 수 있는 축복을 받았습니다. 이건 도저히 인간적으로는 설명할 수 없는 건강 회복의 축복이었습니다. 그리고 70세 가까운 나이인데도 모든 사람들이 60세 이하로 보면서 인생을 거꾸로 살아가고 있다고 말합니다. 하나님은 참으로 위대하십니다. 그리고 지금도 살아 계셔서 우리와 함께 계십니다. 앞으로도 우리 가족은 살아 계신 하나님을 증거하는 삶을 살아갈 것입니다.

제사장 가정으로 축복

하나님께서는 아내의 건강을 회복시켜 주실 뿐만 아니라 백석신

학대학원을 졸업하고 장애인 사랑부를 맡아 봉사직 전도사로 섬길 수 있도록 해 주셨습니다. 또한 두 자녀를 축복하여 주셨습니다. 딸 다혜는 서울에 있는 대학 피아노과를 졸업하고 새에덴교회에서 10년 동안 3부 예배 반주로 섬겼습니다. 과년한 딸이 좋은 신랑을 만나 결혼하고 믿음의 가정을 이루는 것은 부모에게 최고의 관심사고 기도 제목일 것입니다.

그런데 하나님께서 다혜에게 훌륭한 신랑을 만나게 해 주셨습니다. 연세대를 졸업하고 장신대학원 목회학, 연세대 대학원을 마치고 박사 과정에 있으며 명성교회에서 부목사로 시무하고 있는 최용희 목사를 사위로 주셨습니다. 믿음뿐만 아니라 인격과 성품이 좋고 실력도 출중한 목회자 사위를 만나게 해 주셔서 얼마나 감사한지 모릅니다. 다혜에게 자녀의 축복도 주셔서 슬하에 유인, 유민이 두 아들을 키우며 사모로서 하나님을 섬기는 제사장 가정으로 살아가고 있습니다.

아들 성동이는 군 제대 후 지방대학에서 서울 단국대에 편입하여 새에덴교회에서 청년부 회장을 하였습니다. 그리고 아들 역시 소명을 받아 총신대학원을 졸업하고 석박사 과정을 하고 있으며 새에덴교회 청년부 부목사로 섬기고 있습니다. 또 서울에서 석사를 마친 용모가 아름답고 인성이 좋은 목사님의 둘째 딸 박은진 사모를 며느리로 맞게 하셔서 경민, 영민, 장민이 3명의 아들을 주셨습니다.

저는 다혜와 성동이를 바라볼 때마다 하나님께 감사드립니다. 그리고 무엇보다 두 자녀가 제사장 가정을 이루어 감람나무 열매와 같은 자손의 축복을 받은 것을 감사드립니다.

욥처럼 모든 것을 빼앗기고 검은 재에 누워 비탄의 눈물을 쏟던 저희 가정을 하나님께서 불쌍히 여겨 주셨습니다. 한 사람, 한 사람에게 치유의 은혜를 부어 주셔서 다시 회복시켜 주셨습니다. 건강, 물질, 명예, 자녀 축복 등 모든 영역을 간섭해 주시고 섭리하여 주셨습니다. 예수님을 만나면 승리합니다. 교회를 잘 만나면 회복됩니다. 주의 종을 잘 만나면 인생이 변화됩니다. 이것은 제가 몸으로 직접 체험한 살아 있는 신앙 간증이요, 눈물로 써 내려간 실화적 고백입니다.

복의 근원으로 살아가는 가정

욥은 하나님을 잘 경외하였으므로 갑절의 축복을 받았지만 저희 가정은 하나님께서 자손만대 영광의 가문, 축복의 가문, 비전의 가문의 꿈과 비전을 주셨습니다. 그리고 두 자녀들을 통하여 복된 제사장 가정을 이루게 해 주셨습니다. 훌륭한 사위와 며느리를 주시고 손자를 주셨으니 얼마나 큰 하나님의 축복입니까? 또 자손만대 자녀들을 통하여 이루어주실 하나님의 약속을 생각하면 눈물겹도록 하나님께 감사하고 영광을 돌립니다.

우리가 받은 축복은 그저 예수 믿고 구원을 받아 개인이 번창하고 거부가 되는 것으로 끝나는 것이 아닙니다. 그 축복을 통해 하나님께 영광을 돌리고 나를 통하여 그 축복이 항상 이웃에게 전달이 되고 흘러가고 계승이 되는 데 있습니다. 복의 근원이 되시는 하나님께서 아브라함에게도 복의 근원이 되라고 명령하셨지 않습니까? 그래서 아브라함은 가는 곳곳마다 영육 간에 복이 흘러가게 했습니다.

야곱 역시 마찬가지입니다. 에서에게 쫓겨 외삼촌 라반의 집으로 도망하였지만 야곱을 통하여 라반의 집이 복을 받았지 않습니까? 요셉도 형제들에게 배신을 당하고 노예로 팔려갔지만 하나님께서 함께하셔서 가는 곳마다 복의 통로자, 전달자가 되었습니다. 보디발 장군의 노예로 팔려갔을 때도 그 집이 복을 받게 하였고,

보디발 아내의 거짓 음모에 억울한 누명을 쓰고 감옥에 가서도 하나님께서 함께하시므로 전옥의 인정을 받았습니다. 감옥에서도 애굽의 술 장관, 빵 장관을 만나 꿈을 잘 해몽하여 바로를 만나게 되고 바로의 꿈을 잘 해몽해서 애굽의 총리대신 자리에 오르게 됨으로 민족을 구원하게 되었지 않습니까?

오늘날 우리도 마찬가지입니다 우리도 복을 받으면 아브라함, 야곱, 요셉처럼 되어야 합니다. 우리가 복을 받으면 나만 잘되는 것이 아니라 내 가정이 잘되고 자녀와 친척들이 잘되며 직장과 사회도 잘되어야 합니다. 지나고 보니 당신 때문에 우리 직장이 복을 받고 우리 회사가 형통하고 우리 부서가 잘되었다고 말입니다. 나를 통하여 하나님의 복이 흘러가게 하는 것, 이것이 현대판 복의 근원이라고 할 수 있습니다.

부족한 저에게도 하나님께서는 이런 복의 통로가 되는 은혜를 주셨습니다. 낮고 보잘것없는 자를 광주광역시교육청 부교육감, 예수대학교 총장으로 높여주시고 가는 곳마다 그 직장이 복을 받게 해 주셨습니다. 교직원들과 지역, 동문들로부터 칭찬을 받게 하여 주실 뿐만 아니라 가는 곳마다 큰 성과를 거두게 하셨습니다. 부족한 저를 들어 사용해 주신 살아 계신 하나님께 감사와 영광을 드립니다.

저는 이러한 진정한 복의 본질과 의미를 소강석 목사님의 한 편의 설교를 듣고 깨닫게 되었습니다. 소강석 목사님의 설교 한 편을 소개합니다.

축복이 그대를 통해 흘러가게 하라(창 12:1-3)

　성경에 기록된 하나님의 축복을 보면 축복은 항상 예수 그리스도의 구속과 관련이 되고 복음의 선교성에 기초하고 있는 것을 볼 수 있습니다. 성경이 말씀하는 축복은 그저 우리가 예수 믿고 구원을 받아 개인이 번창하고 거부가 되는 것으로 끝나는 것이 아닙니다. 우리가 복을 받아 항상 예수 그리스도의 이름으로 하나님께 영광 돌리고 이웃을 섬기며 예수 그리스도의 이름을 전하고 선포하는 것에 목적을 두고 있습니다.

　그러니까 하나님의 축복의 특징은 내가 먼저 복을 받고 나 혼자만 잘 먹고 잘사는 것이 아닙니다. 그 축복이 항상 이웃에게 전달이 되고 흘러가고 계승이 되는 데 있습니다. 내가 받은 복이 나 혼자에게서 머물고 멈추는 것이 아니라 그 복으로 먼저 예수 그리스도의 복음 사역에 수종을 들고 섬겨야 합니다. 그리고 그 복은 나로부터 이웃에게 계속 흘러가고 계승이 되어야 하는 것입니다.

　이렇게 함으로써 결국 복 받은 사람의 영향력의 지경이 넓어지고 섬김의 영역이 확대되어 가는 것입니다. 그러므로 성경에서 말씀하는 축복이란 복의 근원적 성격을 가지고 있습니다. 그래서 창세기 12장에서도 하나님은 아브라함에게 복의 근원이 되라고 말씀하고 있습니다.

"여호와께서 아브람에게 이르시되 너는 너의 고향과 친척과 아버지의 집을 떠나 내가 네게 보여 줄 땅으로 가라 내가 너로 큰 민족을 이루고 네게 복을 주어 네 이름을 창대하게 하리니 너는 복이 될지라"(창 12:1-2).

여기서 복의 근원이란 히브리어로 '베라카'인데 복이라는 의미입니다. 그런데 옛날 개역한글성경에서는 복의 근원이 되라고 번역을 했습니다. 아브라함이 미리 복을 받았고 그 복이 다른 사람에게 흘러갔기 때문에 복의 근원이라고 의역을 한 것입니다.

물론 엄밀하게 말해서 하나님만이 복의 근원이요, 시작이십니다. 왜냐하면 하나님만이 인간에게 복을 주실 수 있고 하나님으로부터만 복이 시작되고 전달되고 흘러나오기 때문입니다. 그런데 이런 복의 근원이 되시는 하나님께서 아브라함에게도 복의 근원이 되라고 명령하고 계시는 것입니다.

그래서 아브라함은 당시에 가는 곳곳마다 영육 간에 복이 흘러가게 했습니다. 어디를 가더라도 영적인 축복의 통로자가 된 것입니다. 가는 곳곳마다 자신을 통하여 가나안이 복을 받고, 블레셋이 복을 받고, 애굽이 복을 받게 하였습니다. 그러니까 아브라함은 하나님의 은혜와 축복의 통로성과 섬김성을 발휘하게 된 것입니다.

우리는 이러한 축복의 통로성과 섬김성을 야곱과 요셉의 삶을 통해서도 볼 수 있습니다. 그들은 어디를 갈지라도 하나님의 은혜와 축복이 따라다녔고 그를 통하여 하나님의 은혜와 축복이 흘러가게 하였습니다.

야곱은 형 에서에게 쫓겨 외삼촌 라반의 집까지 도망을 가지 않습니까? 그러나 하나님께서는 그곳까지 야곱과 함께하셔서 야곱의 발길과 손길이 닿는 곳마다 다 복을 받게 하십니다. 그러니 라반은 금은보화가 자기 집에 저절로 굴러들어왔다고 입이 찢어지도록 행복해하였을 것입니다. 그런 라반이 야곱에게 이렇게 고백하지 않습니까?

"라반이 그에게 이르되 여호와께서 너로 말미암아 내게 복 주신 줄을 내가 깨달았노니 네가 나를 사랑스럽게 여기거든 그대로 있으라" (창 30:27).

이 말을 쉽게 설명하면 이런 의미입니다. "사랑하는 야곱, 그대는 우리 집의 복덩어리야. 그대가 온 이후로부터 우리 집안이 왜 이렇게 잘되는지 몰라. 하나님께서 그대를 보증하사 우리 집안에 복을 주시는 게 분명해. 그대는 과연 축복의 전달자요, 통로자요…. 야곱, 제발 내 곁을 떠나지 말고 두 딸을 아내로 주었으니 오래오래 이곳에서 함께 머물며 번성하고 번성하기를 바라네."

라반이가 왜 이렇게 야곱에게 집착하고 매달렸을까요? 야곱을 통하여 하나님이 복을 주신 것을 보았기 때문입니다. 야곱이 손대는 것마다 하나님이 복을 주셔서 창대케 되는 것을 눈으로 목격하였기 때문에 이런 말을 하는 것입니다.

요셉은 어떻습니까? 요셉은 형제들에게 팔려 먼저 애굽의 보디발 장군의 집 노예로 갔습니다. 그러나 거기서 노예생활을 하는데 요셉이 하는 일은 다 잘되는 것입니다. 그래서 요셉 때문에 보디발의 집은 더욱더 형통하고 잘되기만 했습니다. 그러자 드디어 보디발은 요셉을 가정 총무로 세웠습니다. 왜냐하면 보디발이 보기에도 요셉은 자기 가정의 축복의 통로자이기 때문입니다.

> "그의 주인이 여호와께서 그와 함께 하심을 보며 또 여호와께서 그의 범사에 형통하게 하심을 보았더라 요셉이 그의 주인에게 은혜를 입어 섬기매 그가 요셉을 가정 총무로 삼고 자기의 소유를 다 그의 손에 위탁하니…여호와께서 요셉을 위하여 그 애굽 사람의 집에 복을 내리시므로 여호와의 복이 그의 집과 밭에 있는 모든 소유에 미친지라"(창 39:3-5).

요셉 때문에 하나님이 보디발의 가정에 은혜와 축복을 마음껏 주시지 않습니까? 다시 말하면 요셉이 보디발 가정의 축복의 통로자요, 전달자 노릇을 하고 있지 않습니까? 바로 이 사실을 보디발이 보고 느낀 것입니다. 그러니까 보디발은 요셉을 자기 집의 가정 총무로 세운 것입니다. 아마 그런 보디발은 어느 날 요셉에게 이런 말을 했을 것입니다.

"요셉, 그대는 우리 집안의 진짜 복이오. 비록 그대가 사회적으로는 노예 신분인 것이 사실이지만 정말 그대는 하나님이 함께하는 사람이오. 그대야말로 이 시대에 전능하신 하나님과 동행하는 하나님의 사람이 아니고 무엇이겠소. 그대가 온 이후로 우리 집안이 이렇게 형통하고 우리 가정의 모든 일이 잘되는 것을 내 두 눈으로 똑똑히 보았소. 그래서 나는 그대를 하나님이 우리 집안에 보내주신 축복의 통로자요, 은혜의 전달자라고 믿소."

그러나 그는 억울하게도 보디발 아내의 음흉한 음모와 모함에 빠져 감옥에 가게 됩니다. 그런데 감옥에 가서도 하나님께서 요셉에게 은혜로 함께하셨습니다. 그래서 요셉으로 인하여 감옥에서마저도 모든 일이 형통하게 하시고 다 잘되게 하신 것입니다. 그런 요셉을 보면서 전옥은 아마 이렇게 이야기했을 것입니다.

"요셉, 그대는 우리 감옥소의 보배이며 축복의 통로자요. 나는 그대가 억울하고 더러운 누명을 쓰고 이 감옥에 들어온 것을 누구보다 잘 알고 있소. 비록 그대가 죄인의 누명을 쓰고 이 감옥에 들어왔지만 내가 볼 때 그대는 하나님이 함께하는 사람이요, 하나님이 동행하시는 위대한 축복의 통로자이구려. 그래서 그대 때문에 감옥이 잘되고 아무 사고 없이 형통한 것을 나는 보고 있지 않소. 그러니 왜 내가 당신을 믿지 않을 수 있겠소. 누가 뭐라 해도 나는 당신을 하나님의 사람으로 믿고 축복의 통로자로 믿고 있소."

그러다가 요셉은 감옥에서 애굽의 술관원장을 만나 꿈을 잘 해몽하였습니다. 그 사건을 계기로 해서 훗날 바로 왕을 만나게 되고 바로 왕의 꿈을 잘 해몽함으로써 애굽의 총리대신 자리에까지 오르게 됩니다. 그래서 7년의 풍년 기간 동안 양식을 잘 저축하였다가 흉년 기간 동안 애굽을 먹여 살려 구원을 하지 않았습니까? 그러던 어느 날 애굽의 바로 왕은 총리대신인 요셉을 바라보며 경탄에 경탄을 터트리며 이렇게 말했을 것입니다.

"요셉, 그대는 나의 복이오. 그리고 이 나라의 복이오. 그대가 없었던들 이 나라는 망하고 바로의 자리도 없었을 것이오. 그대가 나라를 구하고 나를 구하였소. 그대를 통하여 이 나라에 복이 흘러왔고 이 나라에 복이 전달되었다오. 하나님이 그대를 보증하사 이 나라에 복이 흘러오게 한 것이 아니고 무엇이란 말이오. 오, 요셉. 그대야말로 이 나라와 나를 살린 복의 통로자요, 전달자요…"

그뿐입니까? 요셉은 애굽뿐만 아니라 그의 아버지와 형제간들에게도 축복의 통로자가 되었습니다. 사실 요셉은 상처가 많은 사람입니다. 요셉은 형제들에게 정말 억울하게 팔려서 애굽에까지 종으로 끌려온 사람이 아닙니까? 형제들이 미디안 상인들에게 자기를 팔려고 했을 때 요셉이 얼마나 애걸복걸했습니까? 형님들 앞에 무릎을 꿇고 그들의 옷자락을 잡고 살려달라고 애걸복걸했던 것입니다.

"그들이 서로 말하되 우리가 아우의 일로 말미암아 범죄하였도다 그가 우리에게 애걸할 때에 그 마음의 괴로움을 보고도 듣지 아니하였으므로 이 괴로움이 우리에게 임하도다"(창 42:21).

그러나 요셉의 형제들은 인정사정 봐 주지 않고 미디안 상인들에게 요셉을 팔아버렸습니다.

"그때에 미디안 사람 상인들이 지나가고 있는지라 형들이 요셉을 구덩이에서 끌어올리고 은 이십에 그를 이스마엘 사람들에게 팔매 그 상인들이 요셉을 데리고 애굽으로 갔더라"(창 37:28).

요셉이 그렇게 애걸복걸해도 형님들이 쳐다보지도 않고 먹고 있었다고 했습니다.

"그들이 앉아 음식을 먹다가 눈을 들어 본즉 한 무리의 이스마엘 사람들이 길르앗에서 오는데 그 낙타들에 향품과 유향과 몰약을 싣고 애굽으로 내려가는지라"(창 37:25).

그러니 요셉이 얼마나 상처를 받았겠습니까? 그러나 요셉은 그 모든 상처를 하나님의 은혜와 축복으로 치유를 했습니다. 그리고 절대로 형제들에게 원수를 갚거나, 조금이라도 상처를 주거나 마음에 불편함을 주지 않고 오히려 고센 땅에서 잘 살도록 섬겨 준 것입니다.

류시화 시인의 표현을 빌린다면 "너의 상처는 꽃이고 나의 상처는 돌"인 삶을 산 것입니다. 요셉도 사람인데 왜 상처가 없었겠습니까? 그러나 자신의 상처는 말없는 돌처럼 묵직하게 감추어놓고 형제들에게 꽃과 향기를 선물로 준 것입니다.

그래서 야곱은 훗날 죽기 전에 요셉을 향하여 뭐라고 축복을 했습니까? 바로 요셉이야말로 샘 곁의 무성한 가지요, 전능자로 말미암아 축복의 통로자가 된 것을 노래하고 있지 않습니까?(창 49:22-26) 얼마나 아름다운 축복입니까?

이렇게 하나님의 축복은 섬김성과 전달성과 선교성이 있습니다. 바로 왕은 요셉을 볼 때마다 하나님을 보았을 것이고 눈물겨운 하나님의 은혜를 생각했을 것입니다. 그리고 온 애굽의 백성들도 요셉을 볼 때마다 하나님을 보았을 것입니다.

오늘 우리도 마찬가지입니다. 우리도 복을 받으면 아브라함처럼 야곱처럼 요셉처럼 되어야 합니다. 복을 받으면 먼저 하나님을 더 잘 섬겨야 합니다. 그리고 소외된 이웃을 섬겨야 합니다. 뿐만 아니라 하나님의 축복이 흘러가게 해야 합니다. 남편은 아내에게, 부모는 자녀에게, 또한 우리 주변에 믿지 않는 친척과 이웃에게 하나님의 복이 흘러가게 해야 합니다.

그래서 사람들이 나를 볼 때마다 우리에게 이런 말을 해야 합니다. "과연 당신을 보면 하나님의 살아계심이 보인다오. 당신을 통해서 하나님의 축복이 흘러가고 전달되는 것을 볼 수 있어요. 당신을 보면 하나님의 살아계심이 보이는 것만 같아요."

이 얼마나 아름다운 고백이요, 하나님의 복을 높이고 드러내는 일입니까? 우리가 처음 예수 믿을 때는 가족이나 친척들이 믿지 않았지만 내가 먼저 예수를 믿고 다른 친척들도 훗날 예수를 믿은 후에는 이런 말을 하지 않습니까? "그대는 진짜 우리의 복이요, 그대 때문에 우리가 예수를 믿고 나서 이제야 진정한 복을 받았지 않소?"

특별히 우리는 직장에서도 이런 소리를 들어야 합니다. 직장에서 예수 믿는다고 회식 가서 술도 거나하게 안 마시고 2차, 3차도 안 가면 상사나 동료 직원들한테 괜히 핍박을 받습니다. 그러나 우리가 정직하게 하나님을 섬기고 믿음으로 직장 일을 하면 반드시 나중에는 나를 통해서 직장이 잘 되게 되어 있습니다. 내가 맡은 부서가 나로 인하여 형통하게 되어 있습니다.

그러므로 우리는 직장에서도 상사나 동료 직원들한테 이런 소리를 들어야 합니다. "김 과장, 김 대리. 당신은 우리 부서의 복이요, 우리 직장과 회사의 복이요. 예수 믿는다고 회식에 참석 안 한다고 우리가 얼마나 핍박하고 구박을 했는데 지내놓고 보니까 당신 때문에 우리 직장이 복을 받고 우리 회사가 형통하고 부서가 잘되고 그 모든 복을 우리가 눈으로 보고 있단 말이요. 당신이 왜 그렇게 하나님을 믿고 섬기는지 이제야 우리가 알겠소."

얼마나 아름다운 이야기입니까? 이것이 바로 현대판 복의 근원이라고 할 수 있습니다. 아브라함과 야곱과 요셉처럼 내가 먼저 축복을 받고 다른 사람에게 복을 전달하고 복이 흘러가게 하는 사람, 바로 이런 사람이 오늘날 복의 근원이라고 할 수 있습니다. 그렇다면 오늘날 구체적으로 우리가 복의 근원이 되고 축복의 통로자가 된다는 말이 무슨 말일까요?

1) 그것은 먼저 우리가 아브라함으로 시작되어서 예수님으로 완성된 바로 그 구원의 복음을 전하는 것입니다.

오늘날 복의 근원 중의 근원이신 예수님을 전하여 그 복음의 은혜가 나로부터 흘러가게 하는 것입니다. 그러므로 오늘 우리가 내가 믿는 예수를 나만 소유하고 있으면 복을 멈추게 하는 것입니다. 하나님은 우리로부터 복이 흘러가기를 원하고 전달되기를 원하십니다. 그런데 그것은 내가 믿는 예수를 이웃에게 간증하고 전하는 것입니다. 믿는 사람에게나 믿지 않는 사람에게나 내가 믿는 예수를 전하고 간증하는 것입니다. 혹은 내가 만난 예수, 내가 받은 은혜, 내가 은혜 받은 교회를 자랑하고 전하는 것입니다. 이렇게 함으로써 하나님은 나를 복의 전달자요, 통로자로 삼으셔서 복이 흘러가고 전달되게 하는 것입니다.

예를 들어 여러분이 안 믿는 집에서 예수를 믿었다고 생각해 보세요. 그러면 예수를 처음 믿기 시작한 순간부터 엄청난 핍박을 받을 수 있습니다. 그러나 그렇게 핍박받고 조롱을 당하면서도 예수를 믿는 여러분 때문에 여러분의 가정과 친척이 전도를 받아 구원받았다면 여러분이 오늘날 그 가정에 복의 근원이 된 것입니다.

저도 예수 믿는다고 부모님께 얼마나 얻어맞았는지 모릅니다. 우리 집안에서 제일 천덕꾸러기가 되었고 원수가 되었습니다. 그래서 많이도 울고 울었습니다. 여러분, 믿지 않는 자신의 가족을 구원하는 것이 얼마나 힘든 줄 아십니까? 그러나 수많은 우여곡절과 말로 할 수 없는 피눈물을 쏟고 또 쏟아야 가족 구원의 축복이 이루어졌던 것입니다.

그래서 우리 집안에 예수의 복음이 편만하게 되고 모든 형제가 그리스도 안에서 영광의 가문을 꿈꾸고 있습니다. 그러니까 제가 우리 집안에 복의 근원으로 사용을 받은 것입니다. 비록 예수 믿는다고 매 맞고 핍박을 받았지만 나를 핍박하면 할수록, 나를 멸시하고 천대하면 할수록 나를 통하여 예수 그리스도의 복음이 흘러가게 되었기 때문입니다.

그러므로 여러분도 가정에서 축복의 통로가 되시기 바랍니다. 믿지 않는 가족이 있다면 그들을 전도하시기 바랍니다. 여러분을 통해 하나님의 구원의 복음이 가정에 흘러가고 꽃피울 수 있기 바랍니다.

2) 복의 근원이 된다는 말은 실제로 내가 이웃에게 하나님의 은혜와 축복을 전달하는 삶을 사는 것입니다.

아브라함과 이삭과 야곱이 가는 곳마다 실제로 복이 되고 은혜를 끼친 것처럼 오늘 우리도 그런 존재가 되는 것입니다. 그러므로 우리는 부부간에도 복이 되고 가정과 자녀들에게도 복이 되어야 합니다. 교회에도 복이 되고 여러분의 직장에도 항상 복이 되어야 합니다. 그리고 여러분의 이웃과 우리 지역사회와 민족의 역사에도 어떻게든 유익이 되고 복이 되어야 합니다.

저도 특별히 어디를 가든지 그런 삶을 살려고 합니다. 여러분, 이런 이야기 아시죠? 백암교회를 개척할 때 진짜 정 권사님이 아니었으면 저는 포기해 버렸을 것입니다. 그런데 정 권사님이 자꾸 저를 기도로 밀어주셨습니다. 처음에는 광주에서 백암리로 왔다 갔다 하시더니 나중에는 배영수 장로를 데리고 와서 아예 그곳에서 거주하셨습니다.

우리 정 권사님이 말씀하시길, "소 전도사가 여기서 성공해야 다른 곳에 가서도 성공할 수 있다"는 것입니다. 백암리에서 실패하면 평생 실패의 꼬리표를 달고 있을 수 있다는 것입니다. 그런데 은혜 있는 곳에 마귀도 엄청 역사하는 것입니다. 그래서 정 권사님하고 저하고 맨날 싸우는 겁니다. 분쟁의 요소는 바로 배영수 장로 때문이었습니다. 사실 제가 얼마나 스트레스를 받겠습니까? 허구한 날 주민들이 술 먹고 와서 전도사 멱살을 잡지 않나, 얼굴에 침을 뱉지 않나, 저녁에는 회관으로 불러내가지고 온갖 청문회를 다 하지 않나, 그들 앞에서는 멀쩡하지만 집으로 들어오면 저도 사람인지라 화를 참지 못하는 것입니다.

그러면 그 분풀이의 대상이 배영수 장로였습니다. 그때 배영수 장로가 고분고분하면 얼마나 좋습니까? 꼭 뻑뻑 말대꾸를 합니다. 그러니까 제가 배영수를 패는 것입니다. 그러면 정 권사님이 저에게 화를 내도록 부추기는 것입니다. "주의 종이 그러면 쓰겠는가. 그래 가지고 어떻게 큰일을 한단가. 소 전도사가 지금 마귀가 틈타서 배영수한테 그러는 거네."

그러면 제가 우리 정 권사님한테 버럭 화를 내 버립니다. 그러면 정 권사님은 당장 보따리를 싸 들고 백암교회를 떠난다는 것입니다. 그리고 절대로 사위로 안 삼는다는 것입니다. "어이, 소 전도사, 자네 착각하지 마소. 어디 주의 종이 자네밖에 없는지 아는가. 주의 종이 천지에 널려 있어. 내가 꼭 자네하고만 주의 일을 해야 되는지 알아? 자네 말고도 얼마든지 사위 삼을 사람 많아." 그러면서 보따리를 싸서 갑니다.

그러면 제가 겸손하게 "정 권사님, 정말 제가 죄송해요. 제가 아직 성질이 안 죽어서 그러는 거니까 좀 참으세요." 이렇게 해야 하는데 "갈려면 가세요! 빨리 가버려요! 아니, 제발 가버리세요!" 하고 오히려 더 자존심을 건드려 버립니다. 그러면 정 권사님이 당장 가시는 것입니다.

그런데 하나님께서 정 권사님을 못 가게 영적으로 묶어 버립니다. 하나님께서 정 권사님의 온몸의 힘을 다 빼버리게 만들어서 입신한 사람처럼 쓰러져 버립니다. 마치 현기증에 걸린 사람처럼 쓰러져 버립니다. 그때 하나님께서 정 권사님에게 이렇게 마음에 감동을 주셨다는 것입니다.

"여종아, 지금 소 전도사가 성질이 더러워도 복덩이 중의 복덩이다. 이 종을 위해서 네가 희생하고 참아라. 훗날 반드시 복덩이 아들 노릇을 할 것이고 네 가정과 가문의 복덩이 중의 복덩이가 되게 할 것이다. 진짜 아들 중의 아들 노릇을 할 것이고 될 것이다. 어디를 가든지 복이 되고 은혜를 끼치는 종이 될 것이다. 그리고 내가 세계만방에 나의 복음을 전하는 위대한 종으로 세울 것이다. 그러니까 네가 한 번만 더 참아라."

이렇게 하나님은 정 권사님의 마음에 감동을 주시는 것입니다. 그러면 정 권사님이 울면서 "하나님 말씀이라면 성질이 더러워도 순종하겠습니다" 하고 제 곁에 남아서 사위를 삼았던 것입니다. 물론 그때 결혼을 하라고 하니까 배애숙 권사도 반대하고 배정숙이도 펄펄 뛰며 반대했습니다. 그러나 지금은 제가 우리 가정의 진짜 복덩이로 존재할 뿐만 아니라 우리 교회에서도 언제나 하나님의 축복과 은혜를 흘러가게 하는 통로자요, 전달자가 되어 있지 않습니까?

오늘 여러분도 마찬가지입니다. 여러분으로 하여금 복이 흘러가게 하시기 바랍니다. 믿지 않는 가정과 우리 이웃에게 하나님의 구원의 복음을 전해주고 흘러가게 하시기 바랍니다. 어디를 가든지, 누구를 만나든지 복을 전달하고 나누어 주는 성도들이 되시기 바랍니다. 하나님이 더 많은 복을 우리에게 주실 것입니다. 여러분, 우리가 복의 근원이 된다는 것이 얼마나 영광스러운 일입니까? 우리를 통하여 복이 흘러가게 하는 일이 얼마나 황홀한 축복입니까? 그래서 오늘 본문 3절은 이렇게 말씀하고 있습니다.

"너를 축복하는 자에게는 내가 복을 내리고 너를 저주하는 자에게는 내가 저주하리니 땅의 모든 족속이 너로 말미암아 복을 얻을 것이라 하신지라"(창 12:3).

하나님께서 축복의 통로자를 축복하는 자에게 복을 주시고 그를 저주하는 자에게는 반드시 저주를 한다고 하셨습니다. 그렇습니다. 고인 물은 썩을지 몰라도 흘러가는 물은 절대로 썩지 않습니다. 더 많은 생수의 강이 흘러넘치고 흘러가게 되는 것입니다. 그러므로 하나님의 복과 은혜가 흘러가게 하는 사람에게는 더 많은 은혜가 임합니다. 더 많은 축복이 임합니다. 아니, 그를 도와주는 자도 함께 복을 받는 것입니다. 이런 사람이 오늘 이 시대의 아브라함이요, 야곱이요, 요셉인 것입니다. 이런 사람이 복의 근원이요, 복의 통로자요, 전달자인 것입니다.

4장

새에덴의
생명나무 장로들

　새에덴교회 소강석 목사님의 목회철학은 크게 세 가지로 나눌 수 있습니다. 첫째, 로드십과 신정주의 목회 둘째, 생명나무 목회 셋째, 엿장수 목회입니다. 우리 새에덴의 장로들은 담임목사님의 이 세 가지 목회 철학을 철저하게 엄수하며 행복한 신앙생활을 하고 있습니다.

🌳 로드십(Lordship) 목회

　우리가 섬기는 주님은 한 분이시지만 부르는 뉘앙스에 따라 조금 다른 의미로 나눌 수 있습니다. 그것이 바로 Savior와 Lord입니다. 현대교회에서 신정주의를 회복하기 위해서는 성도들이 먼저 주님을 'Savior', 즉 나의 구세주로 부를 뿐만 아니라 'Lord', 즉 나의 왕으로 모시는 신앙을 가져야 합니다.

Savior는 '나의 구세주'라는 뜻입니다. "하나님 나를 이 어려움에서 구원해주세요, 나를 이 환란과 죄악 가운데서 용서해 주시고 구원해 주세요." 이렇게 기도하며 고백할 때 주님을 Savior라고 합니다.

물론 똑같은 주님이시지만 나의 왕, 나의 임금, 나를 다스리시는 분으로 고백할 때는 바로 'Lord'로서의 주님을 고백합니다. "왕이신 나의 하나님, 내가 주를 높이고 영원히 주의 말씀에 순종하리이다." 우리는 늘 "나를 이 어려움에서 환란에서 구원해 주세요"라고 합니다. 이런 신앙도 중요하지만 "하나님! 나의 삶 속에 오셔서 나를 다스리시고 나의 통치자가 되시고 나의 왕이 되시고 나의 임금이 되시고 나의 지배자가 되어 주시옵소서"라고 고백하는 신앙이 필요합니다.

진정한 성도의 모습이 무엇입니까? 날마다 주님을 Savior로만 부르는 게 아니라 주님을 Lord로 부르며 삶의 진정한 왕이요 통치자로 모시는 것이 아니겠습니까? 그래서 언제 어느 때 어떤 환란과 역경을 당하여도 흔들리지 않고 주님만 사랑하고 주님이 내 안에 오셔서 왕이 되어 주시고 나의 모든 정욕, 나의 모든 욕심, 나의 고집을 주님께 다 반납하여 버리고, 주 나의 삶 속에 오셔서 나를 다스려 주옵소서라고 고백하는 삶을 살게 되는 것입니다.

또 "내 안에 하나님의 나라를 이루어 주옵소서, 내 안에 거룩한 신정주의가 이루어지게 하옵소서"라는 고백을 주님께 드리는 것입니다. 이러한 기초적인 로드십 신앙이 확립되어야 하나님과 교회를 기쁘시게 하는 중직자가 될 수 있습니다. 여전히 주님이 삶의 주인이 되지 못하고 왕이 되지 못하면 교회에 와서도 자신 스스로 왕 노릇을 하려고 합니다. 목소리를 높이고, 자기주장을 관철시키려고 합니다. 그래서 먼저 하나님만을 왕으로 모시는 로드십(Lordship) 신앙이 중요합니다.

이것은 한 인생뿐 아니라 교회도 마찬가지입니다. 교회의 운영, 교회의 정치형태, 교회의 모든 경영방법…. Savior 주님만 생각하면 안 됩니다. 주님과 상의하지 않고 모든 걸 우리가 결정하고, 자기들 원대로 다 자기들이 결정해놓고 교회나 성도가 어려움을 당하면 통성기도하고 합심기도하고 어려움을 해결해 달라고 주님께 매달려 아우성을 칩니다. 이건 어디까지나 Savior 주님밖에 모르는 교회입니다.

진정한 신정주의 교회의 중직자는 주님을 Lord로 모시는 사람입니다. "주님이 우리 교회의 왕이십니다. 주님이 우리교회의 진정한 주인이십니다"라고 고백하는 중직자입니다.

하나님은 우리 교회의 손님이 아닙니다. 왕이십니다. 주인이십니다. 다시 말해서 먼저 성도들이 로드십 신앙을 가졌을 때 신정주의 교회로 움직일 수 있는 원동력이 생깁니다. 자동차나 비행기는 원료가 필요합니다. 아무리 거대한 선박도 원료가 없으면 한낱 고철에 불과합니다. 그런 것처럼 아무리 교회가 시스템과 원리를 갖추었다고 하더라도 성도들 개개인이 로드십 신앙을 갖지 못하면 하나 되는 교회를 세울 수 없습니다. 먼저 성도들의 신앙이 하나님만을 왕으로 모시는 로드십 신앙으로 체질 개선을 해야 합니다.

새에덴교회는 소강석 담임목사님에서부터 성도들에게 이르기까지 철저하게 로드십 신앙을 강조합니다. 교회 안에 제도나 조직, 정관, 회의보다도 하나님의 뜻, 하나님의 영광, 말씀, 성령, 기도를 최우선합니다. 그 외에는 모두 다 교회의 본질을 섬기기 위한 부속적인 부품에 불과합니다.

저도 과거 신앙생활을 돌아보면 Savior 주님만 알았던 것입니다. 이스라엘 백성이 광야생활을 할 때 하나님께서 다 인도하시는데도 원망과 불평하던 모습이 과거의 저의 모습이었습니다. 그저 고난과 시련이 오면 주님께 매달려 고쳐달라고 살려달라고 간구하다가도 기도에 응답해 주시면 또 금방 세상으로 빠지곤 했습니다. 그것은 그때까지 제가 주님을 진정한 Lord로 모시지 못하고 Savior로만 여겼기 때문입니다.

순간순간 참회의 눈물과 용서함은 경험할 수 있었지만 삶에 진정한 만족과 행복은 찾아볼 수 없었습니다. 왜냐하면 하나님을 진정한 삶의 왕으로 주인으로 모시지 않고 그저 고난이 올 때만 도와주시는 Savior로만 모시고 있었기 때문입니다. 그러나 새에덴교회에 와서 소강석 목사님의 로드십 신앙을 접하면서부터 그 전의 자아중심의 신앙생활에서 로드십 신앙으로 변화되었습니다.

🌱 생명의 성령의 법칙에 의해서 사는 삶

로드십 신앙으로 살기 위해서는 우리의 힘으로는 안 됩니다. 인간적인 열심과 공력으로는 안 됩니다. 생명의 성령의 법칙에 따라 살아야 온전한 로드십 신앙을 소유할 수 있습니다. 우리의 옛 자아는 주님의 십자가 아래서 폐기 처분되고 거룩한 자아교환 사건을 이루어야 합니다. 저는 이러한 생명의 성령의 법칙을 소강석 목사님께 배웠습니다. 이 말씀을 처음 접하였을 때 얼마나 기쁘고 감사하던지 제 영혼 속에서 생명의 샘물이 터지고 복락의 강수가 터져 나오는 것을 느낄 수 있었습니다.

우리는 스프링을 어느 순간까지는 힘으로 누를 수 있습니다. 그러나 스프링을 영원히 누르고 있을 수는 없습니다. 언젠가는 스프링에서 손을 뗄 수밖에 없습니다. 그러면 스프링은 처음 형태보다 훨씬 더 솟구쳐 오릅니다. 힘을 다해 오래 누르면 누를수록 스프링은 더 무섭게 튀어 오릅니다.

우리 안에 존재하는 죄악도 마찬가지입니다. 아무리 자신의 힘으로 애쓰고 노력해도 솟구쳐 오르는 죄악을 억누를 수는 없습니다.

물론 잠시 동안은 금욕하고 절제하며 겉으로 보기에는 굉장히 의롭고 정결한 사람처럼 살아갈 수 있습니다. 그러나 우리의 가장 약한 부분을 죄의 유혹이 가시처럼 콕콕 찔러대면 그때는 스프링 정도가 아니라 마치 지뢰가 터지듯 폭발해버립니다. 그래서 우리는 주저앉아 한탄할 수밖에 없습니다. "아, 나는 이 정도밖에 안 되는 사람인가. 내가 고작 이런 사람이란 말인가?"

그래서 사도 바울도 "오호라 나는 곤고한 사람이로다 이 사망의 몸에서 누가 나를 건져내랴"고 고백했던 것입니다(롬 7:24). 우리의 실존적 고민은 죄를 지어서 죄인이 되는 것이 아니라 죄인이기 때문에 죄를 지을 수밖에 없다는 사실입니다. 우리의 금욕과 절제만으로는 죄와의 싸움에서 승리할 수 없습니다. 우리의 옛사람은 끝없이 죄악을 생산하는 공장과 같기 때문입니다. 그래서 공장 문을 완전히 닫아버리기까지는 끊임없이 죄악을 생산하게 됩니다.

중국의 전도사 워치만 니는 이것을 이렇게 설명했습니다. "중국 정부에서 한동안 금주령을 내렸지만 술 공장의 문이 닫히지 않는 한 100% 지켜질 수 없는 일이었다. 중요한 것은 술 공장이 문을 닫아야 한다. 술 공장에서 술을 생산하지 않으면 술을 마시고 싶어도 마실 수 없기 때문이다."

우리의 죄악은 욕망을 억누르고 절제한다고 해서 해결되는 것이 아닙니다. 옛사람의 본성을 산출하는 죄악의 공장 자체를 없애야 합니다. 그래서 우리는 옛사람의 자아를 폐기 처분하고 예수 그리스도 안에서 새롭게 거듭나 본성의 새 판 짜기를 경험해야 합니다. 다시 말하면 주님 안에서 거듭난 새 생명의 힘, 곧 생명의 성령의 법으로 살아가야 한다는 것입니다.

"이는 그리스도 예수 안에 있는 생명의 성령의 법이 죄와 사망의 법에서 너를 해방하였음이라"(롬 8:2).

아무리 인간적으로 수양을 하고 노력해도 우리는 더 큰 상처를 받고 더 깊은 수렁에 빠지게 됩니다. 그러므로 예수 그리스도 안에서 거듭난 새 생명의 영성을 가져야 합니다. 우리 안에서 거룩한 흥분과 열심을 저절로 솟구치게 하는 새 생명의 영성으로 살아가야 합니다. 그럴 때 진정한 신정주의 교회의 중직자가 되어 기쁨과 감사, 축복이 넘치는 신앙생활을 할 수가 있습니다.

주일성수, 십일조, 기도생활, 헌신과 봉사 등 모든 것이 자기 힘으로 하려면 어렵고 힘듭니다. 그러나 생명의 성령의 법칙에 따라서 나의 옛 자아가 아닌 십자가 사건을 통하여 거룩한 자아교환을 이룬 새 사람의 영으로 감당하면 너무나 즐겁고 행복하게 신앙생활을 할 수 있습니다. 그러므로 우리는 하나님을 내 안에 주인으로 왕으로 모시고 생명의 성령의 법칙에 따라 살아가는 삶을 살아야 합니다.

하루에 2시간씩 기도하다

저는 로드십 신앙을 알게 된 이후로 하루에 2시간 정도는 하나님께 기도를 합니다. 하나님께 기도할 때마다 높고 높은 보좌 위에서 낮고 낮은 베들레헴 말구유에 오셔서 죽은 자를 살리시고 앉은뱅이를 일으키시고 혈우병을 고치시고 각종 질병을 고치신 주님을 묵상합니다.

말씀으로 사역하시고 죽을 수밖에 없는 저희들을 살리시려고 십자가를 지시고 갖은 온갖 고난과 수치를 당하시며 양손과 양발에 못이 박히고 옆구리에 창이 찔려 피 흘려 돌아가신 주님을 생각할 때마다 너무나 감사해서 눈물을 흘리며 감사와 찬송을 드립니다. 하나님의 임재와 기도 응답으로 위로하시는 하나님의 위로를 받으면서 간구와 기도를 드립니다.

구약시대에 하나님께서는 직접 또는 선지자를 통하여 말씀하셨고 신약시대에는 성자 예수님으로 친히 이 땅에 오셔서 직접 말씀으로 양육하셨으며 지금은 성령님으로 우리와 함께하셔서 위로하시고 말씀하고 계십니다. 그러므로 언제나 우리와 함께하시며 동행하시는 그 하나님을 붙잡습니다.

다윗이 무슨 일을 할 때마다 먼저 하나님께 물어보고 일을 행하였듯이 저 또한 무슨 일을 하든지 먼저 기도하며 하나님께 여쭈어 보고 성경 묵상과 설교를 듣는 중에 성령님의 감동을 받습니다. 기도와 말씀을 통하여 지금도 한 걸음, 한 걸음 인도함을 받습니다.

신정주의 목회

새에덴교회는 철저하게 신정주의 교회를 이루어가는 교회입니다. 교회에는 두 가지 요소가 있습니다. 바로 신적인 요소(divine entity)와 인간적인 요소(human entity)입니다. 공동체의 입장에서 볼 때 교회는 완전히 신정주의입니다. 이 신적인 요소가 교회는 신정주의가 되어야 한다고 요구합니다. 그런가 하면 인간적인 요소도 있습니다. 사람이 모인 곳이기 때문에 인간적인 공동체로서 당연히 민주적이어야 한다는 것입니다.

그러니까 인간적인 사람은 민주주의를 요구하고 또 영적인 사람은 신정주의를 요구하게 되는 두 가지 특성이 교회 안에 동시에 존재합니다. 어느 것을 강조하느냐에 따라 교회를 바라보는 눈은 달라집니다. 이것은 교회에 굉장히 중요한 문제입니다. 인간적인 요소를 강조하면 민주적인 교회가 될 것이고, 신적인 요소를 강조하면 신정주의 교회가 될 것이기 때문입니다.

그런데 교회 안에서 이 본질적인 요소와 제도적인 요소가 서로 충돌하고 갈등을 일으키면 교회가 소란하고 분열이 일어나는 것입니다. 그래서 교회의 제도나 조직과 같은 비본질적인 요소가 본질에 우선하거나, 본질과 갈등을 하면 이상적인 신정주의 교회의 모습은 사라집니다. 오히려 세상의 단체나 친목모임처럼 사소한 감정이나 기득권의 변화에 따라 다투고 분쟁하는 비극적인 모습으로 나타납니다.

그러므로 가장 이상적인 신정주의 교회를 이루려면 본질의 영역이 회복되고 제도는 본질을 강화하게 세우는 데 서빙 역할을 하고 섬기는 도구로 존재해야 한다는 것입니다. 이것은 신정주의 교회의 절대원칙입니다. 소강석 목사님은 이러한 신정주의 교회의 모습을 아래와 같은 도표로 설명합니다.

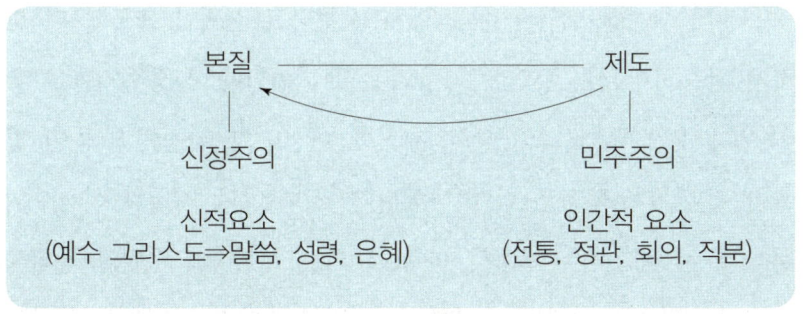

그런데 본질과 제도가 갈등을 하거나, 오히려 제도가 본질을 억

누르고 주도하는 화석화된 교회는 은혜가 마르고 감사가 사라지고 성령의 역사가 소멸됩니다. 그리고 그 자리에 불평, 불만, 다툼, 시기, 분쟁과 같은 기득권 싸움이 시작됩니다. 이상하게도 교회 안에서 민주적인 제도를 강화시켜서 교회를 투명하게 운영하고 무엇이든지 법대로 하면 교회가 더욱 번성하고 부흥할 것 같은데 성도들의 심령은 말라가고 교회가 선악을 판단하는 재판정으로 돌변합니다.

교회 역사를 보면 본질이 제도보다 강한 교회는 건강하게 잘 지켜집니다. 그런데 제도가 본질을 억누르고 섬기지 못하는 교회는 병들고 무기력해져서 결국에는 분열하고 무너지게 됩니다. 전통이 오래된 교회일수록 제도가 완전히 화석처럼 굳어 버려 본질을 꼼짝 못하게 하는 경향이 많습니다. 한국교회는 신정주의 교회를 회복해야만 희망이 있습니다.

그런데 새에덴교회는 인간적인 요소보다는 신적인 요소가 더 강하게 활동하는 신정주의를 지향하는 교회입니다. 신정주의를 이루기 위해서 새에덴교회의 당회, 제직회, 여전도회, 공동의회 등이 필요한 것입니다. 목적은 단 하나입니다. 교회 안에 거룩한 신정주의를 이루는 것입니다. 그래서 새에덴교회는 철저하게 일원화 목회를 추구합니다. 하나님과의 일원화, 그 일원화 속에서 담임목사와 당회가 또 부교역자와 사랑하는 성도들과 제직들이 일원화되는 것, 이것이 진정한 신정주의 교회의 모습입니다.

그러나 분명하게 신정주의와 독재주의는 구별되어야 합니다. 신정주의는 하나님의 말씀과 뜻에 전적으로 기초하고 거기에 우선하지만, 독재주의는 지도자의 고집과 권위만 내세워 지도자의 뜻대로만 밀고 나갑니다. 지도자는 독선적으로 일을 처리하고 성도들 위에 군림합니다. 신정주의는 예수 그리스도의 영광과 예수 그리스도 안에서 교인들의 행복과 축복과 평화를 위하여 교회를 운영하지만 독재주의는 독재자 개인의 영달과 치부를 위해서 교회를 운영합니다. 그래서 소강석 목사님께서는 신정주의를 실현하기 위하여 오직 하나님만을 왕으로 모시는 로드십 목회, 신정주의 목회를 목회철학으로 삼고 헌신하고 계십니다.

그래서 새에덴의 중직자들 또한 신정주의 교회론을 배우고 따르고 있습니다. 반드시 새에덴의 중직자가 되려면 로드십과 신정주의, 생명나무 신앙을 배우고 익혀야 합니다. 그래서 교회의 중직자가 된다는 것은 세상의 장관이나 국회의원이 되는 것보다 훨씬 더 가치 있고 의미 있는 신정의회 의원임을 잊지 말아야 합니다. 새에덴교회가 단 한 번의 다툼이나 분열 없이 한마음으로 부흥하며 한국교회와 민족을 섬길 수 있는 저력도 신정주의 교회를 이루고 있기 때문입니다.

지금 한국교회가 서로 다투고 분열하며 몸살을 앓고 있는 것은 교회의 본질을 잃어버리고 서로 높아지고 주인이 되려고 하기 때문입니다. 하나님만을 주인으로 모시는 로드십 목회, 신정주의 목회를 잃어버린 것입니다. 우리 새에덴의 중직자들과 모든 성도들은 담임목사님과 함께 언제나 거룩한 신정주의 교회를 이룰 것입니다. 그래서 늘 주님 앞에 이렇게 기도합니다.

"주여, 새에덴교회가 거룩한 신정주의 교회가 되게 하옵소서. 중직자들이 먼저 자신을 낮추고 주님을 높이는 신정의회 의원들이 되게 하소서. 그리하여 인간적인 요소가 아닌 온전히 하나님의 뜻이 이루어지는 거룩한 신정주의, 새에덴교회가 되게 하옵소서."

새에덴교회 당회의 특징

교회는 하나님의 나라를 이루는 거룩한 신정주의 공동체입니다. 주인이 하나님일 뿐만 아니라 신정주의가 온전히 이루어지는 곳입니다. 이러한 신정주의 교회를 이루는 곳이 바로 당회입니다. 당회원들은 거룩하고 복된 신정의회 의원들이 되어서 하나님의 뜻을 이루고 헌신해야 합니다. 영원한 하나님 나라 개념으로 보면 신정의회 의원은 얼마나 복된 사람입니까? 그런데 이 복된 자리에 부름을 받고서도 오히려 축복을 받지 못하고 망하는 사람들이 있습니다. 그것은 신정주의 훈련을 잘 받지 못하였기 때문입니다.

교회 안에서 신정주의가 잘 이루어지려면 우선 교회의 중직자들이 신정주의 훈련을 철저하게 훈련받아야 합니다. 교회의 중직자들이 어떤 의식을 가지고 교회를 섬기고 헌신하고 있는가가 바른 신정주의 교회를 이루는 토대가 되기 때문입니다.

> **※ 신정주의 교회의 질서**
>
> 교회의 머리이신 예수 그리스도가 목사를 통해 말씀으로 교회를 설립(개척) ⇨ 목사와 장로를 세워 당회조직 ⇨ 말씀을 통한 신정의회를 운영 ⇨ 말씀으로 교회를 다스리고 양들을 치리 ⇨ 교회 성장 ⇨ 하나님 나라를 건설

화란 장로교회는 목사가 설교를 하면 장로들이 일주일 동안 성도들이 말씀 그대로 살고 있는지 심방을 가서 살피는 일을 합니다. 그런데 요즘 장로교회는 여전도사님들이 그 역할을 다합니다. 그래서 장로의 역할이 어느 면에서는 소극적으로 축소된 면이 없지 않습니다. 교회가 깨어 있으려면 장로가 영적으로 깨어 있어야 합니다. 거룩한 신정의회의 성의원으로서 경건생활을 유지하고 언제나 하나님의 뜻을 최우선으로 높여야 합니다. 그럴 때 교회 안에서 신정주의적 질서가 바로 잡힙니다.

"그러므로 여러분이 일깨어 내가 삼 년이나 밤낮 쉬지 않고 눈물로 각 사람을 훈계하던 것을 기억하라 지금 내가 여러분을 주와 및 그 은혜의 말씀에 부탁하노니 그 말씀이 여러분을 능히 든든히 세우사 거룩하게 하심을 입은 모든 자 가운데 기업이 있게 하시리라 내가 아무의 은이나 금이나 의복을 탐하지 아니하였고 여러분이 아는 바와 같이 이 손으로 나와 내 동행들이 쓰는 것을 충당하여 범사에 여러분에게 모본을 보여준 바와 같이 수고하여 약한 사람들을 돕고 또 주 예수께서 친히 말씀하신 바 주는 것이 받는 것보다 복이 있다 하심을 기억하여야 할지니라"(행 20:31-35).

성경이 말하는 장로교회의 가장 이상적 조직과 정치는 말씀을 중심으로 해서 움직이는 것입니다. 장로교회의 근본과 본질 이념은 신정주의를 통한 말씀 선포와 운영입니다. 그런데 현대의 많은 장로교회들이 장로교회의 본질을 바르게 이해하지 못하고 장로가 주인 되는 교회를 장로교회로 착각을 합니다. 그래서 교회 안에서 경영이사 역할을 하려 하고 주인 노릇을 하려고 드는 것이 문제입니다.

그러나 성경이 말하는 진정한 의미의 장로는 철저하게 하나님이 세우신 지도자의 말씀(설교)에 순종하며 그의 사역을 협력하고 돕는 것입니다. 이런 바른 장로의 모습을 갖추었을 때 신정주의 교회는 아름답게 만들어질 수 있습니다. 또 그런 교회가 하나님의 축복을 받고 부흥하며 언제나 화평하는 역사가 일어납니다. 노아의 방주교회 때도 그렇고 모세의 광야교회 때도 그렇고 다윗시대 때도 마찬가지입니다. 역사적으로 하나님의 통치, 즉 신정주의가 가장 잘 이루어졌을 때 그 시대는 찬란하게 빛나는 별처럼 반짝였던 것을 볼 수 있습니다. 참고로 신정주의에 근거한 새에덴교회 목회철학은 일원화 목회입니다.

① 예수 그리스도와 담임목사의 일원화

제가 가까운 곳에서 바라본 소강석 담임목사님은 모든 목회의 원리를 하나님의 뜻에 맞춥니다. 어떤 일을 하든지 철저하게 하나님 앞에 엎드리고 그분의 뜻을 받들고자 온 힘을 기울입니다. 아무리 교회가 부흥하고 대형화되었다고 해도 어느 한순간도 하나님의 뜻을 저버리고 세상의 욕심이나 인간적인 명예욕에 사로잡히지 않기 위해서 조심하고 또 조심합니다. 사울의 길이 아닌 다윗의 길을 걷기 위해서 온전한 신정주의 신앙으로 하나님의 마음에 합한 종으로 살기 위하여 몸부림치시는 것을 볼 수 있습니다. 신정주의 교회는 먼저 예수님과 담임목사의 일원화가 이루어져야 합니다.

② 당회원의 일원화

새에덴교회의 당회원들은 그야말로 가족이요, 신정주의적인 공동체교회를 완성하는 기틀입니다. 모든 당회원들이 하나님을 왕으로 모시고 말씀을 섬기기 위해 노력합니다. 그리고 철저하게 담임목사님을 중심으로 당회를 이끌어갑니다. 물론 부족한 점도 있고 미완의 부분도 있지만 하나님의 말씀을 중심으로 담임목사님을 섬기고 뜻을 온전히 이루는 데 그 모든 역할을 수행하려고 노력합니다. 새에덴교회는 어떤 면에서 공산당보다도 더하다는 소리를 들을 정도로 일원화가 잘되어 있고 화합이 잘됩니다. 왜냐하면 늘 신정주의 공동체 의식으로 똘똘 뭉쳐 있기 때문입니다.

③ 부교역자와의 일원화

새에덴의 부교역자들도 담임목사님을 보좌하고 목회적 의중을 잘 받들고 섬기기 위해 노력합니다. 행정과 교육, 심방에 이르기까지 모든 운영의 절차와 원칙은 담임목사님과 일원화된 내용을 따라서 움직입니다. 개별적인 특성과 자질까지라도 교회적인 차원에서 조화를 이루고 담임목사님의 목회를 보조하고 완성해 가는 데 초점을 맞춥니다. 아무리 좋은 프로그램이나 목회 방법이라도 교회 전체적인 목회 흐름과 방법을 해치지 않는 선에서 적용하고 그것 또한 담임목사님의 지도와 결정에 따라 실행을 합니다.

④ 기관장 및 제직과의 일원화

모든 기관장과 제직은 독립된 하나의 기관이 아니라 담임목사로부터 위임을 받은 조직임을 늘 잊지 않아야 합니다. 그래서 각 기관장과 제직들이 언제나 행정과 사역의 초점을 담임목사의 목회 철학과 지시사항을 성공적으로 이루어내는 데 최선을 다합니다. 부서와 각 기관이 일원화되지 못할 때 분쟁이 생기고 다툼이 번져 큰 혼란을 야기할 수 있음을 늘 명심하고 일원화 목회에 특별히 신경을 씁니다.

⑤ 전 교우와의 일원화

하나의 뿌리에 수많은 가지가 있고 열매들이 풍성하게 맺는 것처럼 전 교우들의 삶의 모양과 사회적 위치, 생활 모습은 다를지라도 신앙의 색깔과 지향하는 비전이나 목적은 언제나 교회적으로 일치된 모습을 보여야 합니다. 그래서 자손대대로 믿음을 전수하여 세계 민족 위에 뛰어난 영광의 가문, 비전의 가문을 이루는 꿈으로 하나 됩니다. 성도들은 담임목사를 진심으로 사랑하고 담임목사는 자신의 목숨을 걸고서라도 성도들을 보호하고 중보하는 모습을 보입니다.

이처럼 새에덴교회는 영적으로 선이 하나입니다. 물론 아직도 부족한 부분이 있을 수 있으나 언제나 하나님의 신정주의를 최우선으로 생각하고 로드십의 신앙으로 하나 되려고 노력합니다. 특수한 경우 같지만 이상하게 새에덴교회는 유명한 외부강사가 오면 평상시보다 교인들이 더 안 모이는 경향이 있습니다. 물론 일원화된 모습도 중요하지만 이런 부분은 시정되어야 할 부분이기도 합니다. 다만 그만큼 담임목사의 설교를 사랑하고 존중하는 일원화 목회의 틀이 잘 다져져 있다는 것입니다.

신정주의 교회는 목사를 위한 교회나, 장로를 위한 교회가 되어서는 안 됩니다. 어느 한 사람만을 위한 교회가 아닙니다. 담임목사를 비롯하여 장로, 안수집사, 권사도 모두 다 교회를 위해서 존재하고 충성해야 합니다. 그러므로 신정주의 교회를 살리기 위해서 일원화 목회를 하는 것이지만 가장 먼저 담임목회자 하나님 앞에 신정주의를 이루며 일원화가 되어야 합니다. 그리고 성도는 그런 담임목사를 하나님이 세우신 자로 인정하고 섬겨야 합니다. 이것이 신정주의 교회의 영적 순리입니다.

세상의 이론이나 원리를 초극하는 것이 하나님의 질서요, 목회 방법입니다. 이제부터라도 신정주의 교회를 회복해야 합니다. 그렇지 않으면 한국교회는 끊임없이 분란이 일어나고 다투고 위기에 빠질 수밖에 없습니다. 하나님이 온전히 왕이 되시는 신정주의가 담임목사로부터 장로, 안수집사, 권사, 주일학교 학생들에 이르기까지 온전히 이루어졌을 때 교회는 건강하게 되고 푸르른 나무처럼 풍성한 열매를 맺게 됩니다.

※ 새에덴교회 당회원들의 자세

① 하나님을 왕으로 모시고 말씀을 섬긴다.
② 말씀과 성령의 인도하심으로 하나님의 뜻이 이루어지도록 한다.
③ 담임목사님을 섬기고 방침에 순종한다.
④ 담임목사님을 존귀하게 여기고 높여드린다.
⑤ 담임목사님 설교를 최우선으로 사모한다.
⑥ 담임목사님을 존경하고 소신껏 목회하도록 적극 협조한다.
⑦ 담임목사님의 목회 활동과 선교활동을 적극 협력한다.
⑧ 사랑하며 섬기는 공동체를 이룬다(당회원은 한 가족).
⑨ 기득권이 없다.
⑩ 예배에 올인한다(주일, 수요, 철야예배).
⑪ 장로회 1부 3부 예배 후 장로기도회(교회와 예배 담임목사님 건강과 영성을 위해서).
⑫ 봉사와 헌신(성가대, 주일학교, 주차장, 차량봉사, 식당, 안내, 기관 등).
⑬ 담임목사님 말씀에 순종하며 충성한다.
⑭ 담임목사님과 2~3일 동안 3회 이상 친목 및 수련회.
⑮ 담임목사님 건강을 위해 기도하면서 섬긴다.

로드십 신앙이 하나님과 성도와의 개인적인 관계라면 신정주의는 목회적 관점입니다. 어떤 사람은 너무 신정주의를 강조하면 자칫 목회자가 독재를 할 수 있지 않느냐고 우려하고 비판을 할 수도 있습니다. 그러나 신정주의 목회에서 가장 중요한 것은 먼저 담임목사가 오직 하나님을 왕으로 삼고 로드십 신앙으로 무장하는 것입니다. 다시 말하면 하나님과의 철저한 일원화를 이루는 것입니다. 그런 목회자는 절대로 자신의 사리사욕을 채우기 위한 독재 목회를 할 수 없습니다.

새에덴교회도 겉으로 얼핏 보면 담임목사님께서 너무 독재를 하는 것은 아니냐고 생각할 수도 있습니다. 목사님께서 워낙 카리스마가 강하시고 강력한 리더십을 행사하시기 때문입니다. 그러나 저는 지금까지 담임목사님을 모시면서 단 한 번도 인간적인 뜻대로 행하시고, 사적인 판단을 하시는 것을 본 적이 없습니다.

언제나 하나님의 뜻을 구하고 하나님을 왕으로 삼는 목회를 하시려고 몸부림치는 것을 볼 수 있습니다. 가장 먼저 희생하고 철저하게 자신을 낮추어 교회의 영광과 거룩함을 위하여 일하시는 것을 보았습니다. 무엇보다 교회에서 어떤 결정을 하시더라도 항상 열린 마음으로 장로들의 의견을 들으시고 조언을 반영하는 모습을 보았습니다. 그렇기 때문에 결코 독재가 아니라 은혜 중심이요, 생명 중심의 신정주의 교회를 이루어가는 것입니다.

🌳 생명나무 목회

　오늘날의 교회를 보면 에덴이 아니라 에덴의 동쪽과도 같습니다. 서로 선악 판단을 하며 싸우고 다투다가 분열하는 교회가 얼마나 많습니까? 그러므로 이제는 교회를 에덴으로, 신앙의 원리를 생명나무로 바꾸어야 합니다. 그러기 위해서 교회에 속한 성도들 한 사람 한 사람이 생명나무 신앙을 소유해야 합니다.

　에덴동산에서 하나님이 금하신 선악과를 따 먹은 이후에 아담과 하와는 에덴의 동쪽으로 쫓겨났습니다. 그곳은 온갖 증오와 저주, 살육과 분노로 가득한 곳이었습니다. 선악을 알게 하는 지식을 갖게 되었지만 결국 그들에게 찾아온 것은 죄와 죽음의 심판이었습니다. 물론 오늘날 역사적 실체로서의 선악과나 생명나무는 더 이상 존재하지 않지만 신앙 교훈적인 측면에서 볼 때 오늘날도 얼마나 많은 교회와 성도들이 이 선악과의 유혹에 넘어가 넘어지고 고통을 받고 있는지 모릅니다.

　그러므로 우리는 다시 생명나무 목회로 전환해야 되고, 교회의 모든 분위기와 문화를 생명력 넘치는 창조적인 문화로 바꿔야 합니다. 성도들의 신앙을 선악과적 믿음에서 생명나무적 신앙으로 바꿔야 합니다.

　오늘날 선악과를 선택한다는 의미는 첫째, 옛 사람의 소욕을 따라, 사탄의 정신과 사상을 따라 살려고 하는 것입니다. 둘째, 언제나 선악의 지식과 판단으로 하나님 없이 자기 스스로 살려고 하는 것입니다. 셋째, 은혜와 생명으로 살려고 하지 않고, 자신의 의나 도덕이나 윤리성으로 살려고 하는 것입니다. 선악 판단의 고유영역과 최종 권한은 하나님께 있는데, 오늘날 선악 판단은 하나님의 경계를 넘어서는 행위라고 할 수 있습니다.

반대로 오늘날 생명나무를 선택한다는 의미는 첫째, 생명나무 되신 예수 그리스도를 믿는 것입니다. 둘째, 주님의 생명과 정신, 사상(말씀, 성령)을 선택하고 따르는 것입니다. 셋째, 모든 상황에 있어서 내게 생명이 되고, 하나님께 영광이 되는 것을 선택하는 것입니다. 그러므로 오늘날 교회는 에덴으로 돌아가고, 생명나무 신앙을 회복해야 합니다.

선악과적 목회로는 절대로 부흥하는 목회, 하나 되는 목회를 할 수 없습니다. 겉으로 볼 때는 그럴듯하게 보이는 것 같지만 그 속에는 참된 은혜와 평안이 없습니다. 영혼이 피폐해지고 가시덤불이 될 수밖에 없습니다. 그러므로 한국교회는 다시 생명나무 목회로 전환해야 합니다. 그럴 때 모든 갈등과 다툼과 분열을 해소하고 생명 안에서 하나 되고 역동하는 교회를 재창조해 나갈 수 있습니다.

🌳 엿장수 목회

새에덴교회의 세 번째 목회철학은 엿장수 목회라 할 수 있습니다. 무슨 엿장수 목회라는 것이 있는가 하고 의아해 하는 분들도 있겠지만 다른 말로 하면 '성도를 사랑하며 섬기는 목회'라 할 수 있습니다. 엿장수 목회는 소강석 목사님께서 오랜 목회 경험을 통하여서 발견한 독특한 목회방식입니다.

어린 시절의 가장 인상적인 추억 중의 하나가 바로 엿장수에 대한 기억입니다. 엿장수 아저씨가 동구 밖에서부터 짤그락 짤그락 가위 소리를 내며 마을로 들어설 때면 마음이 설레기 시작했고 입에서는 군침이 생겨나기 시작합니다. 군것질이라곤 거의 없던 시절, 단것이 그렇게도 귀했던 시절에 시골 소년들에게는 엿 한 가락이 황홀하리만큼 큰 별미였습니다.

그래서 멀리서부터 엿장수 가위소리가 들려오면 엿으로 바꾸어 먹을 고물이 없는지 집안 구석구석을 둘러보았습니다. 헌 옷이나 떨어진 고무신, 빈 병, 헌책, 찌그러진 양재기, 깨진 그릇, 심지어는 머리카락을 빗을 때 빠진 어머니의 머리카락 뭉치까지 보이면 그것을 들고 엿장수에게 달려갔습니다.

그러면 엿장수 아저씨는 그걸 받고서 아이들에게 달콤한 엿가락으로 바꾸어 주었습니다. 그때의 엿 맛은 어쩌면 그렇게 달콤했는지 모릅니다. 물론 그때는 엿 맛도 감칠맛 나게 달콤했거니와 엿장수에게 못 쓴 고물을 가져다주고 기막히게 맛난 엿가락으로 바꾸어 먹는 것 자체가 신기하고 즐겁기만 했습니다. 그러니 학교에서 돌아오는 길은 아예 동네 개울까지 뒤지며 고물 찾기에 급급할 때도 많았습니다.

그런데 생각해보면 바로 우리 예수님께서 엿장수 같은 분이셨습니다. 예수님께서도 우리의 고물과 폐품을 받기를 원하십니다. 우리의 무거운 죄 보따리, 한숨, 고통, 눈물을 받기를 원하십니다. 그걸 당신의 기쁘신 예물로 받으시고 나서 우리에게 바꾸어 주시고 싶은 것이 있습니다. 그것은 용서요, 참된 자유요, 기쁨과 행복입니다.

예수님은 우리에게서 이러한 인생의 고물과 폐품들을 예물로 받으시고 용서와 감격과 참 자유와 행복을 주시기 위해서 십자가에 죽으신 것입니다. 그래서 예수님은 우리의 너무도 냄새나고 추하고 더러운 죄, 근심, 갈등, 한숨의 무거운 보따리를 그 어떤 헌금보다도 귀한 예물로 받으시고 오늘도 우리에게 행복의 엿가락을 선물로 주시고 싶어 하십니다. 참으로 얼마나 감격스런 복음의 진수입니까?

이 사실을 목회에 접목한 것이 바로 소강석 목사님의 엿장수 목회입니다. 예수님이 엿장수 같으신 분이시니 목회자 또한 그래야 하지 않겠습니까? 그래서 새에덴의 목회는 개척 초창기부터 엿장수 목회였습니다. 어떻게 하든지 한 영혼을 생명처럼 사랑하고 성도들의 상처와 아픔을 쓰다듬고 치유하며 보듬어 주는 목회입니다.

상식이 통하지 않는 오해가 생겨 서로가 고통스러울 때도 어떨 땐 그 모든 오해의 아픔을 다 떠맡으면서라도 성도를 섬겼습니다. 그러다보니 설교와 기도 역시 정죄하고 공격하는 설교보다는 아픔을 싸매주고 문제를 치유해주는 엿장수 스타일의 설교를 하십니다. 신도시에 사는 사람은 겉으로 보기엔 삶이 평탄하고 깔끔한 것처럼 보입니다. 그리 큰 문제도 없는 듯 삶이 고요하게 보이기도 합니다. 하지만 회색빛 콘크리트 아파트 속에 갇혀 사는 신도시인일수록 더 아픔이 많고 상처와 문제가 더 많은 경우가 있습니다.

그런데 만일 이들이 엿장수 예수님을 못 만난다면 얼마나 큰 비극이겠습니까? 교회에서 은혜를 못 받고 차가운 가슴으로 신앙생활을 하는 것처럼 비극적인 것은 없습니다. 성도들이 왜 주의 종에게 대적을 하고 교회에 대한 냉소적 사고를 갖게 됩니까? 바로, 은혜를 못 받기 때문입니다. 엿가락과 같은 달콤한 말씀의 단맛을 모르기 때문에 자꾸 염소처럼 뿔이 나서 들이받고 상처를 주려고 합니다. 하지만 은혜의 엿가락, 사랑의 엿가락을 주는 엿장수 목회를 하면 교회를 사랑하게 되고 감사하게 되고, 늘 보고 찾아오고 싶은 교회가 됩니다.

또한 담임목사는 폐품이나 고물과도 같은 상처투성이의 인생을 하나님이 기뻐하시는 향기로운 제물로 바꾸어서 제단에 드리는 기쁨을 만끽할 수 있을 것입니다. 새에덴교회는 엿장수목회를 통하여 서로 사랑하고 섬기는 공동체를 만들어 가고 있습니다. 현대 교회는 늘 성도들의 아픔과 상처를 싸매어주고 사랑으로 섬기는 엿장수목회가 필수적입니다.

🌳 내 자리를 내어드린 후 무릎을 꿇고 받은 기도

저는 부족하지만 항상 하나님 중심, 교회 중심, 담임목사님 중심으로 신앙생활을 하려고 합니다. 누가 뭐라고 해도 마음의 원칙을 지키며 그렇게 해 왔습니다. 부교육감실이나 교장실, 총장실에 담임목사님께서 심방을 오실 때도 제 자리를 내 드렸고, 기도를 받을 때는 항상 무릎을 꿇고 기도를 받았습니다.

이것은 결코 주의 종을 신격화하기 위함이 아닙니다. 인간적으로 잘 보이기 위함도 아닙니다. 주님이 보내신 사자를 존중하고 겸손한 마음으로 기도를 받는 것이 장로의 본문이라고 생각했기 때문입니다. 어떤 사람은 그렇게 목회자를 너무 높이기만 하면 교만해질 수 있다고 말하는 사람도 있습니다. 그러나 정말 주님을 만난 종은 그럴수록 주님 앞에 겸손해지고 오히려 장로를 더 높이고 일사각오 목양일념으로 섬기는 것을 볼 수 있습니다.

저만 그렇게 무릎을 꿇고 기도를 받는 것이 아니라 저희 자녀들에게도 주의 종을 어떻게 섬겨야 하는 것인가를 보여주고 교육합니다. 그래서 우리 자녀들도 목사님께 기도 받을 때는 무릎을 꿇고 받습니다. 이러한 저의 행동이 다른 장로들에게도 교육이 되어 다른 장로들도 자연스럽게 따라하게 되는 것을 보았습니다. 그리고 당회가 오직 하나님 중심, 교회 중심, 담임목사님 중심의 당회로 견고하게 서가는 것을 경험하게 되었습니다.

새에덴의 장로들은 생명나무 신앙으로 무장하여 철저하게 교회와 목사님을 위해 도움닫기 역할을 합니다. 장로들 중에는 교육부총리, 대기업 부사장, 사성장군, 해군제독, 대학총장 등 유수한 사회적 저명인사들도 많지만, 교회 안에서는 절대로 자신을 드러내지 않고 주차장 봉사, 식당 봉사, 안내 등 오히려 가장 낮은 자리에서 이름 없이 빛 없이 섬깁니다. 이 모든 것이 생명나무 장로들도 세워졌기 때문에 벅찬 가슴으로 행복한 웃음 지으며 사명을 감당할 수 있는 것입니다.

동물의 왕국 영역 표시 사건

용인 죽전에 1만여 평 규모의 프라미스 콤플렉스 성전을 지을 때 이런 재미있는 일화도 있었습니다. 부지 선정을 앞두고 담임목사님께서는 장로들과 함께 빙 둘러서서 오줌을 함께 싸자고 제의를 하시는 것입니다. 그러면서 이렇게 설명을 하셨습니다. "제가 동물의 왕국을 보니까 사자나 표범과 같은 맹수들은 밀림을 다니면서 오줌을 쌉니다. 바로 그것이 이 땅은 자기의 땅이기 때문에 넘보지 말라는 영역표시였습니다. 우리들도 여기에 영역표시를 합시다."

그러자 함께 서 있던 장로들이 일제히 함께 오줌을 쌌습니다. 어느 장로는 확실하게 하기 위해서 다시 한 번 싸자고 제의하기도 했습니다. 사람들은 이런 이야기를 들으면 유치하다고 할 수도 있지만 유치와 극치는 통한다는 말이 있습니다. 이 정도로 담임목사와 당회원들이 아무런 가식과 허울 없이 일원화가 잘되어 있다는 예를 드는 것입니다.

그렇다고 저희 교회의 장로님들이 학력이나 사회적 위치가 전혀 좋지 않은 것이 아닙니다. 배우지 못하고 무식한 것이 아닙니다. 그러나 그 모든 사회적 지위와 명예, 재력을 다 내려놓고 담임목사님께 순종하며 따르는 것입니다. 이것은 결코 담임목사의 독재가 아니라 서로 사랑하며 섬기는 공동체적인 관점에서 이루어진 아름다운 신정주의 교회의 모습이라 할 수 있을 것입니다.

성전 건축을 할 때도 담임목사님께서는 5000평 정도만 지으려고 했는데 당회원들이 나서서 1만 평을 짓자고 먼저 열심을 내고 물질을 드리며 충성하면서 앞장섰습니다. 그 후로도 장로들이 먼저 성도들 심방을 다니며 헌금을 작정시키기도 하고 모든 교회의 문제를 책임지고 헌신하였습니다. 그처럼 철저하게 담임목사님과 장로들이 일원화를 이루고 신정주의 교회를 이루고 있었기에 새에덴교회는 건축하면서 어떤 다툼이나 분열 없이 오히려 온 성도들이 한마음이 되어 헌신하며 몇 갑절의 부흥을 할 수 있었습니다.

소강석 목사님의 성도 사랑

한번은 교인 중의 한 분이 사업을 하시다가 피치 못할 상황에서 검찰에 수감이 된 적이 있었습니다. 담임목사님께서는 너무나 가슴 아파하시며 밤잠을 설치다가 담당 검사를 찾아갔습니다. 그리고 무작정 검사에게 사정을 했습니다. "이 사람은 제가 담임하고 있는 교회의 교인입니다. 저를 믿어주시고 한 번만 선처를 해 주십시오. 절대로 다른 사람에게 일부러 피해를 줄 사람이 아닙니다. 제가 이렇게 사정을 하니 저를 보아서라도 한 번만 용서를 해 주십시오."

그러자 담당검사는 사정을 한다고 해서 될 일이 아니라며 무심한 반응을 보였습니다. 아무리 사정을 해도 안 되자 담임목사님께서는 담당검사 앞에 무릎을 꿇었습니다. 그리고 길을 막고 빌었습니다.

"교인이 이렇게 된 것은 담임목사인 저의 책임이기도 합니다. 다시는 이런 일이 없도록 잘 지도할 터이니 한 번만 더 기회를 주십시오."

검사는 갑자기 담임목사님께서 무릎을 꿇어버리니까 허리를 굽히며 "목사님 왜 이러십니까? 일어나십시오." 안절부절 못하며 목사님을 일으켜 세우려고 했습니다. 그 일이 있은 후 다음 날 교인은 다행히 풀려났습니다.

또 한번은 개척 초기부터 정말 헌신적으로 교회를 섬겼던 장로님이 암에 걸렸다는 소식을 들으셨습니다. 목사님께서는 병원을 찾아가서 장로님을 부둥켜안고 참으로 간절히 기도를 드리셨습니다. 눈물을 쏟으며 이렇게 기도를 드리셨습니다.

"주여, 장로님의 암을 제 몸에 옮겨 주시고 우리 장로님의 병을 고쳐 주옵소서."

그러자 기도를 듣고 있던 장로님도 펑펑 눈물을 쏟기 시작했습니다. 그렇게 목사님도 울고 장로님도 울면서 두 분은 눈물이 범벅이 되도록 함께 기도하고 기도하였습니다. 그 후로 하나님께서 주의 종을 보증하사 장로님의 질병을 깨끗하게 치료해 주시는 역사를 경험할 수 있었습니다. 이처럼 소강석 담임목사님은 새에덴교회 교인들을 진심으로 사랑합니다. 성도를 위해서라면 목숨이라도 던질 수 있을 만큼 사랑하며 섬기는 목회자입니다.

이처럼 신정주의 교회는 사랑과 섬김의 신앙 위에 세워집니다. 사랑과 섬김이 없는 교회는 은혜의 지배를 받지 못하고 거룩한 신정주의 교회를 이룰 수 없습니다. 그곳에는 싸움과 분쟁, 원망과 불평이 난무할 뿐입니다. 과연 우리는 어떤 교회를 지향하고 있습니까? 서로 사랑하며 섬기는 아름다운 공동체교회요, 하나님의 영광이 가득한 신정주의 교회를 회복해야 할 것입니다.

목욕탕 당회

대부분의 담임목사님들은 중직자들과 목욕탕에 가지 않으려고 합니다. 어느 정도 거리를 두고 자신의 사적인 모습을 잘 안 보이려고 합니다. 그런데 소강석 목사님은 장로회 회원들과 함께 산행을 하기도 하고 목욕탕에도 서슴없이 갑니다. 그런데 목사님께서는 장난기가 많으셔서 목욕탕에서 찬물을 한 바가지 담아 가지고 뒤에서 몰래 장로님들 등에다 끼얹기도 합니다.

그러면 장로님들이 소스라치게 놀라면서 "아이씨~" 하다가 목사님을 보고는 겸연쩍게 웃으면서 "아, 목사님이세요?" 하는 것입니다. 요즘은 아예 장로님들이 미리 목사님께 찬물을 한 바가지씩 갖다 드리기도 합니다. 그렇게 소탈하시고 활달하신 목사님께서 2012년 연초에 안면마비에 걸리시는 아픔을 겪었습니다.

그때 우리 장로들이 목사님께 찾아가서 "우리가 목사님을 잘못 모셔서 이렇게 되었습니다. 목사님 꼭 쾌차하시고 몸을 돌보시기 바랍니다. 앞으로 우리 장로들이 목사님을 더 잘 모시겠습니다" 하며 무릎을 꿇고 석고대죄를 할 정도로 함께 가슴 아파한 적이 있습니다.

그 이후로 한번은 장로수련회 때 온천에 갔는데 우리 장로들이 먼저 목사님께 조용한 히노키탕에서 목욕탕 당회를 하자고 제안을 하였습니다. 그리고 우리들이 먼저 "새에덴의 장로들은 천국 갈 때까지 절대로 목사님과 싸우지 않고 잘 섬기기로 결의합시다" 하며 단합을 하였습니다.

그리고 저와 당회서기가 더 본격적으로 이야기하였습니다. "요즘 목사님들과 장로님들의 불편한 관계 때문에 교회의 영광성이 추락하고 어려움을 당하고 있습니다. 그러나 우리는 소 목사님을 언제나 변함없이 잘 모시고 충성합시다. 은퇴 목사님이 되었을 때도 끝까지 충성하고 잘 섬길 것을 동의합니다."

그러니까 장로님들이 "제청합니다!"라고 따라서 외쳤습니다. 그리고 당회장이신 담임목사님께 말씀 드렸습니다. "목사님, 뭐하십니까? 당연히 당회장이시니까 빨리 가부를 물어보세요." 그러자 목사님께서 이렇게 말씀하시는 것입니다. "가하면 예 하시오. 그러나 아니면 그 자리에서 일어나세요." 그랬더니 일제히 "옳소! 좋습니다!"라며 함성의 박수가 터져 나왔습니다.

그런데 그 순간에 한 장로님이 스마트폰 동영상으로 촬영을 한 것입니다. 장로님들이 그것을 보고 "목사님, 이 영상을 어디로 가든지 교육 자료로 삼아 주세요. 이런 교회가 힘 있고 부흥한다고요" 하는 것입니다. 정말 그 순간에 담임목사님과 모든 장로님들이 한 마음이 되어 즐거워하고 웃으며 행복한 목욕탕 당회를 나누었던 기억이 새롭습니다.

최근 한국교회는 목회자와 장로 사이의 갈등 때문에 문제가 많습니다. 평생 동안 함께한 교회를 섬겨온 목회자와 장로가 서로 싸우고 갈등하여 상처 받고 분란이 생기는 것은 얼마나 비극적인 일입니까? 그러나 목회자와 장로가 한통속, 한마음이면 결코 문제가 생길 수 없습니다. 교회가 먼저 내부적으로 하나 되어 결속해야 외부적으로 오는 시험과 공격도 이겨낼 수 있지 않겠습니까? 그러므로 꼭 목욕탕이 아니더라도 우리 모두 한통속, 한마음의 목회자와 장로가 되어야 합니다. 그럴 때 한국교회는 분열과 상처를 치유하고 다시 새롭게 하나 되며 부흥을 이룰 수 있습니다.

그러나 각자의 개성과 신앙의 스타일이 다른 장로들을 하나로 만든다는 것은 쉬운 일이 아닙니다. 제가 너무 우직한 면이 있고 한 번 결정하면 뒤돌아보지 않고 밀어붙이는 면이 있어서 가끔은 목사님 반대파는 아니지만 저에 대한 반감을 갖고 약간의 안티 성향을 가진 분들도 있었습니다. 교회와 담임목사님을 반대하는 것은 아니지만 자신들이 누려야 할 기득권을 주장하는 분들도 있었습니다.

그럴 때도 절대로 하나님 중심, 교회 중심, 담임목사님 중심의 신앙을 잃지 않고 한 자리를 지켰습니다. 바울을 위하여 목이라도 내어 놓을 수 있었던 브리스길라와 아굴라처럼 목사님 곁을 우직하게 지켰습니다. 그렇게 변치 않는 모습을 보이니까 그분들도 다 동의하고 저에 대한 마음을 열고 한마음으로 교회와 담임목사님을 섬기는 것을 보았습니다.

담임목사님의 안면마비와 장로들의 청원서

2012년 연초에 담임목사님께서 몸을 돌보지 아니하시고 인간의 한계를 넘어 목회활동을 하시다가 안면마비가 온 적이 있습니다. 목사님께서 연말, 연초 너무 무리한 일정을 소화하며 과로를 한 상태에서 새벽 찬바람을 맞은 것이 화근이었습니다. 담임목사님의 평소 목회 의지와 성품상 만약에 다리나 팔이 부러졌다면 목발을 짚고서라도 설교를 하셨을 것입니다. 그러나 안면마비를 당하시니까 몇 주 동안 설교를 하실 수 없었습니다.

이럴 때 교인들도 인간인지라 뒤에서 "목사가 뭘 잘못해서 그런 일을 당하나" 하면서 수군거릴 수도 있습니다. 담임목사가 아무리 죽어라 목회를 해도 갑자기 그런 일을 당하면 얼마든지 그럴 수 있습니다. 그래서 사모님께서도 담임목사님께 절대로 완전히 완치될 때까지는 나가지 못하게 하셨다고 합니다. 교인들이 목사님을 철인으로 생각하고 있는데 입이 돌아간 모습을 보면 아마 성도들 3분의 1은 시험 들어 나가 버릴지도 모른다면서 말입니다.

그런데 목사님께서는 설교는 부목사님이 하더라도 축도를 하러 나오신 것입니다. 온 성도들이 목사님의 축도가 끝나고 나서도 예배당을 나가지 않고 절반 이상이 울며 기도했습니다. 울먹이는 기도 소리를 들어보니까 이런 내용이었습니다. "하나님, 우리가 목사님을 잘못 모셔서 목사님께 이런 고난이 왔습니다. 우리의 기도가 부족해서 목사님께서 이렇게 힘든 일을 겪게 되셨습니다. 주님, 우리를 용서해 주세요. 제발 하루속히 목사님을 치료해 주세요."

저는 목사님을 위해 간절하게 기도하는 성도들의 눈물의 기도 소리를 들으며 '장로인 나보다도 평신도들이 훨씬 낫구나' 하는 생각을 하였습니다. 목사님을 더 잘 모시지 못하고, 더 기도하지 못한 내 모습이 너무나 부끄럽고 죄송했습니다. 그리고 하나님 앞에 저도 모르게 회개의 기도가 나왔습니다.

"하나님, 모두 제 잘못입니다. 장로로서 목사님을 더 잘 섬기지 못하고 기도하지 못해서 이런 일이 일어났습니다. 저를 용서하여 주옵소서. 더 목사님의 건강과 목회를 위해서 기도하겠습니다. 목사님의 건강을 하루속히 회복시켜 주옵소서."

목사님께서는 거의 3주 동안 설교를 못 하셨는데 새에덴교회 안에는 놀라운 일이 일어났습니다. 목사님이 계실 때보다 오히려 공예배에 참석하는 성도들이 더 많아지고, 십일조도 더 많이 하고, 새신자 전도도 눈에 띄게 많아진 것입니다. 목사님께서 안면마비로 사역을 못 하실 때 우리가 더 열심을 내어 예배에 참석하고 기도하고 전도하자, 더 사명 감당을 하자고 다짐하며 영적으로 더 뜨거운 은혜와 부흥의 열풍이 분 것입니다.

제가 장로회장으로서 선두에 서서 시작을 했지만, 모든 장로들이 함께 의견을 모았습니다. 교회 재정을 지출하지 말고 장로회에서 정성을 모아 담임목사님께 힘을 드리자고 제안한 것입니다. 그래서 한 사람도 빠짐없이 모든 장로들이 자기 형편에 맞게 담임목사님의 건강 회복을 위한 물질을 냈습니다. 어떤 분은 수 천만 원, 형편이 어려운 분들은 기십만 원에 이르기까지, 모든 장로들의 정성이 담긴 서류 봉투 두 개를 가지고 목사님을 찾아뵈었습니다. 그리고 모든 장로들이 목사님께 석고대죄하는 마음으로 무릎을 꿇고 절을 하며 간곡하게 말씀을 드렸습니다.

"우리가 목사님을 잘못 모시고 보필을 잘못해서 이렇게 된 것입니다. 목사님 앞으로는 몸을 잘 돌보시고 빨리 쾌차하십시오. 우리 장로들이 한마음으로 목사님을 더 잘 섬기겠습니다. 목사님의 몸은 개인의 몸이 아닙니다. 이번 기회에 한의사 한 명을 붙여 드릴 테니까 제발 일 좀 줄이시고 따뜻한 동남아에서 죄만 짓지 말고 몇 달이고 쉬고 오십시오. 책도 마음껏 보시고 좋은 음식 드시면서 마음 편하게 쉬었다 오십시오. 이 돈이면 충분할 것입니다. 만약에 저희들의 말씀을 들어주시지 않으면 절대로 일어나지 않겠습니다."

여기저기서 흐느끼는 장로들의 울음소리가 들렸습니다. 그러자 목사님께서도 우시면서 일일이 장로들의 손을 잡아 주시며 일으켜 세우셨습니다.

"장로님들, 너무 고맙습니다. 어떻게 하나님의 종이 장로님들께 쉽게 약속할 수 있겠습니까? 하나님이 저를 쓰시면 몸이 부서져도 또 일을 해야지요. 그래도 장로님들의 고언을 꼭 참고는 하겠습니다."

그제야 장로들도 자리에서 일어났습니다. 목사님께서는 안면마비로 고통을 당하시는 중에도 이런 농담을 하시는 것입니다.

"장로님들, 나보고 동남아 가서 쉬라고 해 놓고 나 없는 사이에 책상 치워 버리시려구요? 그래서 제가 가고 싶어도 못 갑니다. 장로교회 목사님들은 안식년을 갖고 싶어도 못 갑니다. 혹시 책상 없어질까 봐요."

그런 말을 나누며 목사님도 웃고 장로들도 웃었습니다. 목사님께서는 건강회복을 위해 장로회에서 모아 드렸던 돈을 당신을 위해 쓰시지 않고 그대로 재정부에 보내서 각자의 이름으로 헌금 처리하도록 하였습니다. 그래서 우리가 또 돈을 모아 갖다 드리면 또 그대로 헌금하실 것만 같아 개별적으로 가서 용돈을 드리기도 하고 어떤 분은 정말 희귀한 약재를 갖다 드리기도 하였습니다.

이처럼 새에덴교회는 담임목사님을 중심으로 모든 장로와 성도들이 한마음으로 똘똘 뭉쳐 있습니다. 물론 담임목사님께서는 하나님의 은혜로 빠르게 회복되어 더 건강한 몸으로 설교를 하시고 한국교회와 민족을 위해서 쓰임 받고 계십니다. 한국교회가 이처럼 담임목사와 장로들이 서로 사랑하고 섬기며 한마음 공동체를 이루고 지도자를 존중히 여긴다면 얼마나 좋겠습니까?

그런데 지금 한국교회는 지도자에게 조그마한 흠만 있으면 넘어뜨리려고 합니다. 이것은 사탄의 장난입니다. 지도자 한 사람이 넘어뜨리면 그 조직은 순식간에 와해되고 파괴되기 때문입니다. 만약 생명나무 장로라고 생각한다면, 오늘날 목회자가 이단 교리를 주장하거나 크나큰 범과사항이 있지 않고서야 어떻게 평생을 섬겨온 목회자요, 지도자를 사회 법정에 고소하고 고발할 수 있습니까?

이것은 사탄이 기도한 이간계 전략에 넘어간 것입니다. 이제 한국교회는 영적 지도자를 존중히 여기는 문화를 만들어야 합니다. 서로 사랑하며 섬기는 공동체 운동을 해야 합니다. 그럴 때 분열과 파괴를 넘어 상생과 화합의 힘으로 더 위대한 부흥의 역사를 일으킬 수 있지 않겠습니까?

새에덴교회는 개척 이후 지금까지 신년 초에 3박 4일 동안 신년축복성회를 하고 여름에는 리조트를 임대하여 4,000여 명이 참석하는 장년 여름수련회를 3박 4일 동안 하고 있습니다. 그런데 2015년 장년 여름수련회 때 목사님께서 무리한 목회활동과 과로로 인하여 피로가 누적되어 신장결석과 심장질환으로 병원에 입원하신 적이 있습니다. 그때도 장로님들이 기금을 모으고 목사님께 건강관리를 위해 몸을 돌보실 것을 간청 드린 적이 있습니다. 그때 장로들의 마음을 모아 담임목사님께 드린 청원서입니다.

장로회 청원서

존경하는 목사님! 우리 새에덴의 4만여 성도와 영상 설교를 듣는 전국의 성도들과 수많은 해외 교민들에게 생명나무 목회를 통해 날로 지경을 넓혀 가시면서 하나님의 영광을 드러내시고 교회의 영광성과 거룩성 회복을 위한 시대적 사명을 감당하시기 위해 혼신을 불사르시는 목사님이 자랑스럽습니다.

저희 중직자들은 이렇게 귀하게 쓰임 받고 계시는 목사님을 예배의 청지기로서 가장 가까이서 직접 섬길 수 있도록 허락하신 하나님의 은혜에 늘 감사드리고 있습니다. 아울러 저희 장로 일동은 목사님께서 사명 감당과 비전 실현을 위해 나아가시는 길에 언제나 동행하고 기꺼이 섬기는 뼈파가 되어 충성, 헌신할 것을 다시 한 번 하나님 앞에 서약하는 바입니다.

사랑하는 목사님! 이렇게 영광되고 보람찬 목사님의 사역을 지극정성으로 보필하는 저희 장로들이 다만 한 가지 걱정하는 것은 목사님의 무리한 일정 소화에 따른 건강 유지 방안입니다. 이미 안면마비의 연단을 받으신 것이 엊그제인데 또다시 발생한 최근의 탈진 등 건강 이상 증상은 다행히 회복되었으며, 검사 결과 큰 문제가 없다고 하오나, 이후에도 방심하시고 이렇게 강도 높은 사역 일정을 계속 강행하시면 언제든지 건강상 감당하기 어려운 일이 발생할 수 있으니 조절하라는 하나님의 경고임을 저희들만 느끼는 것이 아닐 줄 압니다.

이제 역사적으로 큰 사명을 감당하셔야 할 목사님! 우리 새에덴은 물론 교계의 거목으로 감당하실 일이 너무도 많기에 목사님을 아끼고 사랑하는 저희 장로들과, 중직자들과, 성도들의 간절한 마음을 모아 감히 청원 드리옵니다. 목사님, 당분간 일정을 전면 재조정하시어 외부 사역을 줄여 주시고, 최대한 과로를 피하시며 다소라도 여유와 규칙적인 운동시간을 확보하셔서, 체력을 회복하고 유지하는 일에 몰두하여 주시기를 간절히 바랍니다. 이는 저희 중직자들의 많은 기도 중에 응답을 받아 추계 장로수련회와 주일 장로 기도회 등에서 수차례의 협의와 논의를 거쳐

> 장로 전원의 의견을 모아 청원하오니 부디 수락하셔서 모든 성도의 염려하는 마음을 씻어 주시기를 간절히 바랍니다. 목사님 진실로 사랑합니다.
>
> 2013.11.10.
> 새애덴교회 장로 일동 드림

교회에서 장로들의 얼마나 역할이 중요합니까? 자신의 일생을 바쳐 교회를 위해 헌신하고 헌금을 드리고 성도들의 신앙의 귀감이 되는 훌륭한 장로들이 얼마나 많은지 모릅니다. 소강석 목사님 역시 진심으로 장로들을 사랑하며 섬겨주십니다. 목사님께서 항상 철인처럼 잘 나가는 것도 중요하지만 가끔 연약함이 있을 때 오히려 장로들과 더 끈끈하게 되고 장로들도 목사님의 소중함을 깨닫고 따뜻한 애정을 표현할 수 있는 계기가 되는 것을 보았습니다. 목사님께서는 지금도 가끔 그때를 회상하며 이런 이야기를 하십니다.

"지금도 그때 장로님들이 보여 주셨던 사랑과 섬김을 잊을 수 없습니다. 천국 가서도 꼭 기억하겠습니다. 천국 가는 그 순간까지, 아니 천국 가서도 우리 한마음으로 사랑하고 섬기는 행복한 목사, 행복한 장로가 됩시다."

목사님께서 건강을 완전히 회복하고 나서 교인들 앞에 감사한 마음으로 낭송한 한 편의 시가 있어 소개합니다.

새에덴의 장로님

어른의 자리에 앉아야 하는데도
그 자리 마다하시고
어린 목자만 앞세우는
당신은
과연 하늘의 위대한 덕입니다.

어린 목자가 철이 없어
더러 실수하고 무례할 때에도
하늘 닮은 마음으로 이해하시고
오히려 어린 목자의 약점을 덮어
조용히 제단 앞에 무릎을 꿇었던
당신은
과연 하늘의 위대한 가슴입니다.

아직도 철부지 목자를
하늘인 양 받들어주시고

꼭 권면이 필요할 때에는
행여 목자의 마음 아플세라
귀띔만 해주시며
목자의 말이라면
무조건 순종하고 충성하시던
당신은
과연 하늘이 저에게 주신
새에덴의 보배입니다.

목자가 좋으면 우리도 좋아
성도들에게 본이 되는 일이라면
서로 앞서려는 마음
사사로움 앞세운 일 없어
성도들 앞에 당당하시던
당신
하나님 기뻐하시고 교회 섬기는 일이면
하나도 아까울 것도 없어
더 많은 것 드리지 못해
아쉬워했던 당신
영광은 모두 하나님께로

칭찬은 모두 목자에게로
수고는 모두 성도에게로
돌려왔던 당신
그러기에 당신은
하늘이 내신 새에덴의 장로님이 아닙니까.

윗자리에 계셔야 함에도
낮은 자리 찾으시고
내 주장이 있지만
목자의 뜻에 허리를 굽히시며
하나님을 섬기시느라
모든 것을 가지고도
스스로 가난해진 당신은
저 하늘나라 진짜 새에덴에서도
영원한 장로님, 영원한 어른이 되실 겁니다.

5장

생명나무 가득한
교회를 위하여

🌱 선악과가 무성한 한국교회를 보며

요즘 한국교회는 내부 갈등과 다툼 때문에 심각한 위기를 맞고 있습니다. 목회자와 장로, 장로와 장로들 간의 문제로 인하여 싸우고 분열하는 교회들이 많습니다. 완전히 에덴의 동쪽 같은 교회요, 선악과가 무성한 교회들이 되었습니다. 영적으로 미움과 증오, 살육과 분노의 가시덤불이 가득하여 싸우고 다투고 분열하며 신음하고 있습니다.

저는 이러한 한국교회의 모습을 보면서 너무 가슴 아팠습니다. 이 책을 쓰게 된 계기도 어떻게 하면 한국교회를 위해 섬길 수 있을까 하는 문제의식에서 출발하였습니다. 다시 생명나무 가득한 교회를 세우는 일에 한 줌의 중보라도 할 수 있었으면 하는 마음에 책을 쓰기로 결심하게 되었습니다.

　제가 새에덴교회를 통하여 받은 은혜를 간증하면서 바른 교회론을 세우는 일에 미력하나마 일조하고 싶었습니다. 중직자로서 느꼈던 바른 목회자와의 관계, 교회 생활, 성도들과의 관계를 간증함으로써 한국교회의 화해와 연합을 위해 섬기고 싶었습니다.

　한국교회가 다시 하나 되고 연합하여 부흥의 길을 가려면 무엇보다 생명나무 신앙의 기초를 든든히 세워가야 합니다. 그리고 신정주의 교회론을 골조로 하여 모든 교회의 조직과 기관이 세워져야 합니다. 그럴 때 하나님을 왕으로 모시는 신정주의 교회를 이루며 하나님의 도성을 확장하는 교회로 발돋움할 수 있습니다.

　그런데 한국교회는 위기를 맞고 있습니다. 목회자와 장로들의 갈등이 심화되고 분열의 씨가 되고 있습니다. 평생을 함께 동역하며 눈물로 교회를 섬겼던 분들이 조그마한 오해와 문제로 인하여 교회 지도자의 허물을 들추고 끌어내리려고 하는 경우가 많습니다. 이 얼마나 안타까운 일입니까? 이제 한국교회는 다시 생명나무 교회로 돌아가야 합니다.

　그런 의미에서 저에게 생명나무 교회의 원리를 깨닫게 해 준 소강석 목사님의 설교 한 편을 소개합니다.

🌱 생명나무 가득한 교회(창 2:16-17)

에덴동산은 인류 최초의 낙원이요 성전이었습니다. 하나님은 에덴동산을 통하여 성전의 모판이요 하나님 나라의 시범장소로 시작하셨습니다. 그러나 아담과 하와는 선악과나무를 선택함으로써 에덴동산에서 쫓겨나 버리고 말았습니다. 그는 에덴의 동쪽으로 쫓겨나 온갖 죄와 저주와 사망의 노예가 되었을 뿐만 아니라 저 살육과 분노와 죽음의 그늘아래 살게 되었습니다.

그래서 아담과 하와는 언제나 에덴동산으로 돌아가 생명나무 열매를 따 먹기만을 그리워했습니다. 그러나 하나님께서 생명나무로 가는 에덴동산의 길을 그룹천사들로 하여금 화염검을 들고 지키게 하였습니다. 그래서 아담은 에덴동산을 그리워하고 생명나무를 애타게 사모하다가 그만 죽고 말았습니다.

그리고 에덴을 향한 사모함과 생명나무를 향한 그리움은 아담의 후손들에게 계속되었습니다. 그래서 하나님은 아담의 후손들을 불쌍히 여기셔서 다시 에덴으로 가는 길을 열어 주셨습니다. 다시 말하면 하나님께서 에덴의 영적인 구조와 시스템을 아담의 후손들에게 선물로 주셨다는 말입니다. 바로 그것이 구약에서는 하나님의 성전이요, 신약에서는 주님의 몸 된 교회였습니다.

그래서 구약의 선민들은 하나님의 성전이 에덴으로 다시 가는 길이요, 에덴을 회복하는 복락원의 장소로 생각했습니다. 다시 말하면 하나님의 성전 자체가 에덴동산을 회복한 낙원의 구조와 시스템을 갖고 있다고 생각했던 것입니다.

그러니 구약의 선민들은 하나님의 성전에 들어가는 것이 최고의 영광이라고 생각했습니다. 그런데 예수님께서 어느 날 돌과 나무로 지은 성전을 허물고 다시 새로운 성전을 세울 것을 말씀하셨지 않습니까? 바로 그 성전은 자신의 육체였던 것입니다. 다시 말하면 구약의 성전을 대신해서 예수님이 새로운 성전으로 오셨다는 것입니다.

"예수께서 대답하여 이르시되 너희가 이 성전을 헐라 내가 사흘 동안에 일으키리라"(요 2:19).

그런데 그가 십자가에 죽으심으로써 자신을 믿는 성전을 그를 믿는 모든 성도들에게 이월하셔서 성전을 삼으셨다는 것입니다. 즉 예수님 안에 계신 성령님을 그를 믿는 모든 성도 개개인들에게 다 나누어주셔서 그들로 하여금 당신의 성전을 세워주셨다는 것입니다.

"너희는 너희가 하나님의 성전인 것과 하나님의 성령이 너희 안에 계시는 것을 알지 못하느냐"(고전 3:16).

그뿐입니까? 하나님의 성전이 된 그 지체들을 모아 당신의 몸 된 교회를 세우셨다는 것입니다. 바로 이 교회가 신약의 새로운 성전이요, 하나님의 집이며, 낙원이 되게 하신 것입니다. 그래서 이 교회는 에덴의 영적인 구조와 시스템을 소유하고 있을 뿐만 아니라 만물을 충만케 하는 자의 충만으로 존재하게 된 것입니다.

"너희는 사도들과 선지자들의 터 위에 세우심을 입은 자라 그리스도 예수께서 친히 모퉁잇돌이 되셨느니라 그의 안에서 건물마다 서로 연결하여 주 안에서 성전이 되어 가고"(엡 2:20-21).
"교회는 그의 몸이니 만물 안에서 만물을 충만하게 하시는 이의 충만함이니라"(엡 1:23).

이 말이 무슨 뜻입니까? 교회가 하나님의 성전이요, 낙원인데 하나님께서는 교회의 부흥과 발전을 통해서 당신의 거소와 낙원의 영역을 확장시켜 가신다는 말입니다. 그런데 우리는 예수 그리스도를 믿음으로써 하나님의 자녀가 되고 주님의 몸된 교회의 지체가 되었습니다. 그러니 이 일이 얼마나 영광스러운 일입니까?

그러므로 우리가 이제 하나님의 교회의 지체가 되었고 새로운 에덴에 들어온 성도가 되었다면, 언제나 생명나무를 선택하여 주님의 교회를 생명나무 가득한 낙원으로 만들어야 합니다.

물론 역사적 실체로서의 생명나무는 더 이상 이 땅에 존재하지 않습니다. 그러나 언약의 상징으로서의 생명나무는 여전히 우리 앞에 있습니다.

그러므로 우리는 여전히 언약의 생명나무를 선택하는 신앙생활을 함으로써 우리의 교회를 생명나무가 가득하게 하고 생명나무를 울창하게 하는 교회를 만들어야 할 사명이 있습니다. 우리가 이것을 잘 이해하기 위해서 아래 도표를 보아야 합니다.

에덴동산 ➡ 성막+성전 ➡ 예수 그리스도 성전 ➡ { 성도성전 (개인성전) / 교회성전 (전체성전) } ➡ 생명나무 선택 ➡ 천상성전
(생명나무 가득한 교회)

하나님은 아담과 하와의 후손들에게 성막과 성전을 통하여 다시 에덴으로 가는 길을 허락해 주셨습니다. 그런데 예수 그리스도가 새로운 성전으로 오셨고 또 우리를 통하여 하나님의 성전을 이루어 주셨습니다. 그러니 교회 안으로 들어온 우리는 항상 생명나무를 선택해야 합니다.

그렇게 해서 우리는 우리 안에 생명나무로 가득한 낙원의 삶을 이루어야 됩니다. 그럴 때 우리의 교회도 하나님의 낙원이요, 진정한 성전이 되는 것입니다.

그리고 우리는 이 땅에서 생명나무 가득한 지상낙원의 신앙생활을 하다가 마침내 예수님이 재림하시면 천상성전에서 영원한 복락원의 삶을 살아가게 될 것입니다.

그러므로 우리는 이 땅에서 교회 생활을 하는 동안 무조건 생명나무를 선택해야 됩니다. 천상성전에 가기 전까지는 무조건 생명나무를 선택하는 연습과 훈련을 계속해야 됩니다. 교회에 그런 성도가 가득할 때 마침내 생명나무가 가득한 교회가 되는 것입니다. 그래서 생명나무 가득한 교회를 이루기 위하여 목회의 표어를 세 가지로 정했습니다.

첫째로 생명으로 하나 되는 교회요, 둘째는 생명으로 덕을 세우는 교회요, 셋째는 생명으로 충성하는 교회입니다. 왜냐하면 우리가 생명나무를 선택하면 진정으로 생명으로 하나 되는 교회를 이룰 수 있고, 생명으로 덕을 세우는 교회를 이룰 수 있을 뿐만 아니라, 생명으로 충성하는 교회를 이룰 수 있기 때문입니다.

우리 교회는 이래봬도 생명나무 신학을 체계화한 교회입니다. 물론 생명나무 신학이 다른 것이 아닙니다. 구약의 배경과 에덴의 언어를 빌렸을 뿐이지 생명나무신학이 구원사 신학이요, 예수 그리스도 신학이요, 하나님 나라 신학이 아니겠습니까? 그러므로 올해 우리 모든 성도들은 이렇게 살아야 합니다.

1) 생명으로 하나 되는 교회를 이루어야 합니다.

만약에 아담과 하와가 에덴동산에서 생명나무를 선택했더라면 얼마나 완전하고 영원한 생명을 소유했겠습니까? 그리고 그들은 생명으로 완전한 하나를 이루었을 것입니다. 그들은 생명으로 완전히 하나 된 상태에서 생육하고 번성하였을 것이며 하나님 나라를 이루며 나아갔을 것입니다.

오늘날에도 우리가 예수 그리스도의 생명을 먼저 선택하고 추구하며 살아가면 내 안에서 생명이 철철 넘쳐흐르게 됩니다. 마치 저수지의 물이 넘쳐흐르는 것같이, 저 넓고 넓은 댐의 물이 철철 흘러넘치는 것처럼 내 안에서 생명이 철철 흘러넘칩니다. 그래서 우리는 신앙생활을 하면서 풍성한 생명을 누리게 됩니다.

여러분은 저수지의 물이 철철 흘러넘치는 모습을 본 적이 있습니까? 또 넓고 넓은 댐의 물이 넘치고 넘쳐서 철철 흘러넘치는 그런 모습을 본 적이 있습니까? 그런 것처럼 어쩌면 우리도 내 안에서 터질 것 같은 생명, 금방이라도 넘쳐흐르고 쏟아져버릴 것 같은 생명의 충만함을 우리가 누리게 됩니다.

누가 살짝 건들기만 해도 내 안에서 생명이 툭 터져서 흘러넘칠 것 같은 생명의 능력, 생명의 은혜, 생명의 충만함을 소유하게 됩니다. 우리 그리스도인에게 있어서 이보다 귀한 복이 어디에 있겠습니까? 이보다 더 큰 복, 더 귀한 은혜가 어디 있단 말입니까?

늘 드리는 말씀입니다만, 겨울이나 봄에는 댐에 물이 많지 않습니다. 그런데 댐 상류에는 물이 바짝 말라 있습니다. 그것이 얼마나 안타깝고 아쉽게 보이는지 모릅니다. 그러나 여름 장마 후에 가서 보면 물이 상류까지 가득 차 있습니다. 상류까지 물이 가득하니 댐 둑에는 새파란 물이 넘쳐서 얼마나 철철 흘러내리는지 모릅니다. 저는 그런 모습을 볼 때마다 마음속으로 이렇게 기도합니다.

"주여, 언제나 제 생명도 저렇게 흘러넘치게 하옵소서. 아니 내 안에서 복락의 강수가 창일하고 엄몰하도록 흘러넘치게 하옵소서."

바로 이렇게 생명력이 넘치는 성도들이 교회 일원이 되었다고 합시다. 어떻게 그 교회가 생명으로 하나 되지 않겠습니까? 어떻게 생명 안에서 넘실거리는 감격과 기쁨과 행복으로 온 교회가 하나 되지 않겠습니까? 이런 교회가 왜 다투고 분쟁하며 싸울 수 있겠습니까?

다 생명으로 하나 되고 감격과 기쁨과 행복으로 하나 되는데 무슨 다툼과 분쟁이 있겠습니까? 오늘날 교회가 생명으로 하나 되지 못하니까 그런 것입니다. 개교회도 그렇고 각 교단도 그렇고 한국교계도 마찬가지입니다. 생명으로 하나 되지 못하니까 서로가 분쟁하고 다투며 기득권 싸움을 하고 있는 것입니다. 그러니까 교회가 부흥은 안 하고 감소하게 되고 세상 사람들에게 손가락질이나 당하고 침체 되거나 마이너스 성장을 이루고 있는 것이 아닙니까?

교회가 생명으로 하나 되면 그 교회는 무조건 부흥합니다. 무조건 그 교회는 성장할 수밖에 없습니다. 아니 언제나 그 교회에 오는 자마다 문제가 해결되고 기도가 응답되며 온갖 치유와 기적의 역사가 나타나는 축복이 임하게 됩니다.

겨자씨는 식물학적으로 가장 작은 씨입니다. 그런데 그 씨가 너무 작아서 도대체 씨가 땅에 떨어져도 땅에 떨어졌는지, 안 떨어졌는지 눈에 보이지도 않습니다. 그렇게 미미한 존재입니다.

그러나 일단 씨가 땅에 떨어지면 싹이 납니다. 그래서 처음에는 풀과 같이 자랍니다. 그러다가 나중에는 2, 3, 4미터까지 자라게 됩니다. 그래서 큰 숲을 이룹니다. 그러니까 새들이 와서 둥지를 틀고 삶의 터전을 이루며 다 즐겁게 지저귀고 노래하게 되는 것입니다.

그러면 그 겨자씨 비유에서 예수님이 무엇을 말씀하고자 하셨습니까? 하나님 나라의 속성은 아무리 미미하고 초라하게 출발할지라도 거기에 복음의 생명력만 있으면 된다는 것입니다. 마치 그 겨자씨가 아무리 미미하게 보인다 할지라도 일단 땅에 떨어지면 숲을 이루고 새들의 거처를 이루게 한 것처럼 오늘날 하나님의 나라가 그렇고 교회가 그렇다는 것입니다.

정말 우리에게 복음의 생명력만 있고 그 생명력으로 우리가 하나를 이루기만 한다면 그 교회는 반드시 부흥하고 성장하게 됩니다. 아니 부흥하고 성장할 뿐만 아니라 온갖 치유와 축복과 기적의 역사가 나타납니다. 부족하지만 새에덴교회가 그래왔지 않습니까? 우리 교회는 가락동 23평 지하실 물이 새는 곳에서 시작했습니다. 그러니 인간적으로 볼 때는 너무 작고 미미하고 초라하게 시작했습니다.

그러나 아무리 초라하고 미미하다 할지라도 거기에 복음의 생명력이 있었다는 것입니다. 비록 소수였지만 교회로 모여 오는 자들마다 생명나무 신앙으로 가득했고 생명으로 하나가 되어 왔습니다. 그랬을 때 아직은 부족하지만 오늘의 새에덴교회라고 하는 울창한 생명나무의 숲을 이루게 된 것이 아닙니까? 그러므로 사랑하는 성도 여러분, 생명나무를 선택함으로써 여러분 모두가 생명으로 하나 되는 성도와 교회를 이룰 수 있기를 바랍니다.

2) 생명으로 덕을 세우는 교회를 이루어야 합니다.

제가 신학교를 졸업할 무렵에 어느 선배 목사님이 광주에서 개척을 하셨습니다. 그런데 그렇게 교회가 부흥을 하는 것입니다. 그분이 학력이 대단한 분도 아니고 유명한 분도 아니셨는데, 개척을 해서 금방 150명, 200명, 300명이 모인다고 하는 것입니다.

그래서 제가 찾아가서 그분께 여쭈어 보았습니다. "목사님, 어떻게 이렇게 교회가 부흥을 합니까?" 그랬더니 목사님께서 뭐라고 말씀하시는 줄 아십니까? "나는 개척을 하면서 하나님께 이렇게 기도를 했습니다. 하나님, 저는 사람 다룰 만한 능력도 부족하고 리더십도 부족한 종입니다. 그러니 염소 같은 성도는 보내주지 마시고 양 같이 순한 성도만 많이 많이 보내 주세요."

그러니까 하나님께서 순한 양들만 많이 보내 주셨다는 것입니다. 그래서 저는 그 이야기를 듣고 더 큰 야심을 품었습니다. 제가 그때 상당히 교만했던 것 같습니다. "하나님, 저는 그런 기도 안 합니다. 하나님, 저 아시죠? 저는요, 사람도 잘 다루고 리더십도 있는 사람이에요. 그러니 순한 양이 되었건 뿔난 양이 되었건 백년 묵은 여시가 되었건 간에 그저 많이만 보내 주세요."

그러자 하나님은 왜 그렇게 그런 기도를 잘 들어주신 줄 모릅니다. 하나님께서 저에게 정말 순한 양은 한 명도 안 보내 주신 것 같습니다. 어쩌면 그렇게 뿔난 염소들을 많이 보내주시고 온갖 불여우, 백년 묵은 구미호를 비롯해서 온갖 잡사들을 다 보내주신지 모릅니다. 그러니 교회가 교회가 아닌 것입니다. 완전히 난장판이고 정말 상식이 통하지 않는 말들을 만들어내고 그런 말을 전달하고, 그래서 그런 말로 인하여 끊임없는 악순환이 계속되는 것입니다.

오죽하면 몇 명 되지 않았지만 전교인 여름수련회를 갔을 때 남

선교 회원들이 개를 잡아 놓고 소주를 마시고 막걸리를 마셨겠습니까? 그러다가 저한테 들켜서 제가 뭐라고 했더니 세상에 김창환이라는 집사는 술을 진탕 먹고 와서 저의 허리춤을 잡고 달려들었습니다. 물론 지금은 은혜 받고 우리 교회 장로님이 되었습니다만….

정말 그런 일들이 너무 덕이 안 되는 것입니다. 그저 있는 사실을 사실이라고 말하기도 하고, 들은 것을 들은 것이라고 말함으로써 온 교회와 구역을 난장판으로 만들어 버리는 일들이 많았습니다.

저는 그때 교회 안에는 반드시 생명으로 가득하고 덕을 세워야 한다는 사실을 깨달았습니다. 그래서 제가 얼마나 성도들의 덕을 세우려고 노력한 줄 아십니까? 저도 있는 성질, 없는 성질 다 부릴 수 있습니다. 맨날 상식이 통하지 않는 성도들을 다 불러다놓고 대질심문하고 사실을 밝혀낼 수 있었습니다.

그러나 처음에는 그런 것을 해 봤지만 백해무익이라는 사실을 깨달았습니다. 그런 성도들이 교회에서 덕이 되지 않으면 당장 교회를 떠나 버리고 마는 것입니다. 그래서 제가 정말 쓴 침을 삼키고 삼키면서 얼마나 성도들의 덕을 세우고 교인들 덕을 세우려고 노력한 줄 아십니까?

한번은 이런 일도 있었습니다. 어린 애가 엉엉 울면서 전화를 해 왔습니다. 아빠가 엄마를 때려서 엄마가 울고 피를 흘리고 있다는 것입니다. 그래서 달려가 보니까 의처증이 있는 남편이 콜라병을 깨서 아내를 몇 번이나 찔러 가지고 피가 한강이 되어 흐르고 있었습니다. 제가 그분을 업고 119를 불러 병원으로 데려간 것이 아닙니까? 그런데도 제가 그런 이야기를 우리 집사람한테도 안 했습니다. 만약에 그게 소문이 나면 그 부부가 우리 교회를 어떻게 나왔겠습니까?

또 한번은 어떤 남편이 아내를 얼마나 때렸는지 온몸에 멍이 들고 부어 있었습니다. 그래서 여자가 기절을 할 정도였습니다. 제가 그 여자분도 업고 병원으로 갔지 않습니까? 그래서 그 부부가 교회를 못 나오겠다며 떠나겠다는 것입니다. 그래서 제가 그 부부 앞에 가서 무릎을 꿇고 눈물로 애원하여 기도하며 붙잡은 적이 있습니다.

저는 그때 교회에서 생명으로 덕을 세운다는 것이 얼마나 중요한지를 깨달았습니다. 여러분, 덕이 얼마나 중요한지 아십니까? 사실 인간 사회에서 법과 정의감, 윤리감 등은 너무나 중요합니다. 법과 정의가 없으면 동물의 세계에서처럼 양육강식과 적자생존의 법칙만이 존재할 것이 아니겠습니까?

그러나 법과 정의만 가지고는 온전한 시민사회를 이룰 수 없습니다. 왜냐하면 인간은 한없이 부족하기 때문에 아무리 법과 정의를 외치며 그것을 구현한다고 해도 나도 모르는 사이에 악을 행할 수 있기 때문입니다. 그래서 성경은 이렇게 말씀하고 있지 않습니까?

"또 내가 해 아래에서 보건대 재판하는 곳 거기에도 악이 있고 정의를 행하는 곳 거기에도 악이 있도다"(전 3:16).

아무리 인간이 정의를 행하고 재판을 잘한다 하더라도 거기 악이 있을 수 있다고 하지 않습니까? 왜냐하면 너무 법과 정의를 앞세우는 사람은 덕과 사랑이 없기 때문입니다. 덕과 사랑이 없다 보면 아무리 원칙을 앞세우고 법과 정의를 외친다 하더라도 남에게 상처를 주고 공동체를 와해시키는 우를 범해버릴 수가 있습니다. 세상에서도 그렇거늘 하물며 교회이겠습니까?

그래서 성경 말씀은 교회 안에서 법과 정의 못지않게 덕을 강조하고 있습니다. 아니 교회 안에서는 믿음보다 중요한 것이 덕이요, 지식보다도 중요한 게 사랑이라고 하지 않습니까?

"그러므로 너희가 더욱 힘써 너희 믿음에 덕을, 덕에 지식을…경건에 형제 우애를, 형제 우애에 사랑을 더하라"(벧후 1:5-7).

그런데 오늘날 어떤 사람들은 교회 안에서 너무 법과 정의만 이야기하고 윤리와 도덕만을 앞세웁니다. 그리고 그것을 위해서 남을 공격하고 물어뜯고 싸웁니다. 그러면서 자기는 목에 칼이 들어와도 할 말은 한다고 합니다. 그런데 아쉬운 건, 덕과 사랑이 없다는 것입니다.

덕을 세우지 못하고 사랑이 없으니까 눈과 얼굴에 독기만 가득할 뿐입니다. 그러니 진정한 기쁨과 감격과 행복이 있겠습니까? 이 얼마나 불쌍하고 가련한 사람입니까? 자기 딴에는 옳은 일을 행한다고 하는데 항상 내면은 공허하고 짓눌리고 어두울 수밖에 없습니다. 아무리 윤리감이 가득하고 정의감을 앞세워도 그 속에 덕과 사랑이 없으면 안 됩니다.

그런데 오늘 우리 한국교회가 사랑과 덕의 중요성을 모르니까 교회 안의 싸움이 바깥 법정으로 가게 되고 언론으로 가게 됩니다. 그래서 얼마나 한국교회 이미지가 손상되고 땅바닥까지 추락하고 말았습니까?

그러니까 우리가 생명으로 덕을 세우는 교회가 되어야 합니다. 그런 교회가 될 때 교회는 평안할 뿐만 아니라 든든하게 부흥하게 됩니다. 그리고 교회로서의 기능을 제대로 하게 되고 또 이웃과 세상을 향해 빛과 소금의 역할을 제대로 할 수 있게 됩니다.

3) 생명으로 충성하는 교회를 이루어야 합니다.

하나님의 생명으로 가득하고 은혜가 풍성한 사람은 하나님께 언제나 헌신하고 충성하게 되어 있습니다. 절대로 과거에 집착하거나 뒤돌아보지 않습니다. 선악과를 선택하는 사람들이 과거에 집착해 살고 지나간 과거의 사건 때문에 괴로워하며 회한을 되씹으며 살아갑니다.

"아, 왜 나는 이런 가정에서 태어났단 말인가. 나는 왜 수많은 남자들 중에 하필 이 남자를 만나야 했단 말인가. 나는 왜 수많은 여자 중에 이 여자를 만나야 했단 말인가. 왜 나는 그때 그런 일을 만나고 사고를 당해서 지금 이렇게 힘들게 살아가야 한단 말인가."

그러나 내면에 생명이 가득하고 은혜가 풍성한 사람은 지금 내가 하나님 앞에 무엇을 더 잘할 수 있는가에 목숨을 겁니다. "어떻게 하면 하나님을 더 잘 섬기고 하나님께 충성할 수 있을 것인가, 어떻게 하면 하나님을 감동시키고 하나님을 기쁘시게 할 것인가, 어떻게 하면 하나님께 더 충성하고 헌신할 수 있을 것인가!" 여기에 올인하고 목숨을 걸게 되어 있습니다.

우리는 욥의 이야기를 너무나 잘 알고 있습니다. 그는 어느 날 하루아침에 모든 자녀를 잃고 재산을 잃어 버렸습니다. 자기 몸에는 고칠 수 없는 악창이라는 불치병이 찾아왔습니다. 그러자 사랑하는 아내마저 그를 저주하고 도망가 버렸고 믿었던 친구들마저 그에게 와서 그를 정죄하고 공격하였습니다.

그때 욥의 가슴은 찢어지고 미어지고 억장이 무너지는 고통으로 가득했습니다. 애간장이 녹아 흘러내리고 말았을 것입니다. 그럼에도 불구하고 욥은 두 손을 들어 하나님을 찬양했습니다. 하나님을 더 사랑했습니다. 무조건 하나님께 감사하고 찬양을 하였습니다. 그 말할 수 없는 재난과 실패의 잿더미 위에서 그래도 그는 두 손 들고 하나님을 찬양하였습니다.

눈물이 강물처럼 흐르는 절망의 강가에서도 그는 더 하나님께 헌신하고 충성하겠다고 다짐하고 다짐하며 고백하고 또 고백하였습니다. 다른 것은 다 빼앗기고 포기하고 강탈했다 할지라도 하나님을 향한 사랑과 충성과 헌신만큼은 빼앗기지 않겠다고 결단하고 또 결단하였습니다. 왜 그런지 아십니까? 욥의 내면에 하나님의 생명과 은혜가 흘러넘쳤기 때문입니다.

그런데 오늘날 왜 현대 교인들이 그렇게 편리주의 신앙에 빠져 있습니까? 하나님의 생명과 은혜보다는 세속주의적 영성이 가득해 있기 때문입니다. 그 세속주의 영성을 누가 가져다주었습니까? 바로 마귀란 놈이 가져다주었습니다. 일찍이 마귀가 예수님을 유혹했지 않습니까? 마귀가 예수님을 시험하려고 산꼭대기로 데리고 가서 천하만국의 모든 영광을 보여 주면서 자기에게 한 번만 무릎을 꿇고 경배를 하면 이 모든 영광을 너에게 주리라고 말입니다.

"예수, 너는 하나님의 아들이요, 분명히 이 세상의 메시아인 것은 사실이야. 그러나 너에게는 이 세상의 아무 권력이나 정권도 없잖아. 너에겐 이 땅의 군대도 없고 재산도 없고 명예도 없어. 그래 가지고 어떻게 메시아 역할을 할 수 있으며 이 땅에 너의 나라를 세울 수 있겠느냐? 그런데 너는 왜 자꾸 십자가에 죽으려고만 하는 거야? 왜 자꾸 십자가의 고난의 길을 걸어가려고 하는 거야? 눈 딱 감고 나에게 한 번만 엎드려 절하고 경배해 봐. 그러면 내가 이 땅의 모든 영광과 권력을 너에게 줄 거야. 그래 가지고 이 땅에 너의 나라를 세울 수 있잖아."

그렇게 예수님을 유혹했던 마귀가 오늘날 성도들에게도 동일하게 유혹을 해 옵니다. 바로 그런 유혹을 통해서 우리에게 세속주의적 정신과 사상을 가져다준다 이 말입니다. 그래서 오늘날 우리가 진정으로 하나님을 향한 헌신과 충성보다는 나의 기쁨과 행복을 추구하는 신앙생활을 합니다.

이런 사람은 나의 기쁨이나 행복이나 만족이 중요하지 하나님을 향한 헌신이나 충성이나 희생 같은 것은 안중에도 없습니다. 내가 편하고 즐겁고 만족하면 좋은 거지, 무슨 십자가의 길이 필요하고 십자가의 사명이 필요하며 진정한 헌신과 충성이 안중에 있단 말입니까?

세속주의적 영성과 사상이 가득하니 하나님을 향한 충성이 어디 있단 말입니까? 그러나 하나님의 생명이 가득하고 은혜가 충만한 사람은 어떤 상황, 어떤 환경에서도 하나님을 더 사랑합니다. 하나님께 더 충성합니다. 어떻게든 하나님께 더 헌신하고 더 충성하며 희생할 것인가에 올인을 하고 목숨을 겁니다.

이런 성도들이 모여 있는 교회가 힘이 있고 저력이 있고 영향력이 있습니다. 그리고 이런 교회에 치유가 있고 축복이 있고 기적이 있습니다. 그래서 우리 교회가 세상의 많은 교회 가운데 하나님 앞에 더 신실하고 충직하고 충성스러운 교회를 이루어야 되겠습니다.

그러므로 올 한 해 생명으로 충성하는 삶을 사시기 바랍니다. 그래서 생명으로 충성하는 교회를 이루시기 바랍니다. 우리 새에덴교회는 이래봬도 생명나무 신학의 원산지요 진원지가 아닙니까? 그러기 위해서 더욱더 생명으로 하나 되는 교회요, 생명으로 덕을 세우는 교회요, 생명으로 충성하는 교회를 이룰 수 있기를 바랍니다.

개교회를 넘어 한국교회를 섬기는 새에덴의 사역들

우리 민족은 일제 36년, 6.25전쟁 등을 거치며 고난과 눈물의 역사를 보내야 했습니다. 한국교회는 민족의 고난과 수난의 역사에 동참하면서 눈물의 기도로 부흥의 불꽃을 피우고, 학교와 병원, 복지시설 등을 설립하며 한국사회를 계몽하고 구제하는 데 앞장섰습니다. 그리고 우리 민족은 하나님의 은혜로 폐허의 땅에서 다시 일어서 기적 같은 경제번영을 이루었습니다.

새에덴교회는 이 역사의 찬란한 물줄기 속에서 통일한국 시대 민족의 지도자 양성을 꿈꾸며 세워진 민족 성전이요, 꿈과 약속의 교회입니다. 그래서 무엇보다 목회적 대형교회로서 나라와 민족을 섬기는 애국적 민간 외교사역과 이웃 섬김 사역을 통하여 사회적 책임과 환원을 실천하여 왔습니다.

새에덴교회는 교회만을 위한 교회가 아닌 먼저 지역주민을 사랑하며 섬기는 교회입니다. 특히 고품격 문화 예술 공연인 레인보우 페스티벌을 기획하여 넌버벌 퍼포먼스 '점프', 클래식의 향연, '명품', '난타', '옷찾사', 뮤지컬 '맘마미아', 윤도현밴드 공연, 이주민을 위한 '통해야' 콘서트, 남진, 송대관 효 콘서트 등 지역주민과 소외된 이웃들을 위한 고품격의 예술 무대를 무료로 선보이며 큰 감동과 호응을 얻었습니다.

대중문화 행사를 처음 할 때는 "어떻게 예배당에서 그런 행사를 할 수 있느냐? 너무 경망스럽지 않느냐?"는 소리도 있었습니다. 그런데 레인보우 페스티벌 행사를 시작하자 4500석의 본당을 꽉 채우고 자리가 없어서 비전홀로 내려갈 정도로 지역 주민들의 엄청난 호응을 받게 되었습니다. 그리고 천하보다 귀한 영혼들이 교회에 나와 등록하게 되었습니다.

무엇보다 신도시 아파트 단지에 대형교회를 짓자 그렇게 극심하게 민원을 넣고 데모를 하던 사람들이 고품격 문화 행사 몇 번 하고 나니까 완전히 마음이 바뀌어 버린 것입니다. 교회를 향한 적대감을 풀고 마음을 여는 것을 볼 수 있었습니다. 그래서 역시 목사님께서 기도하고 결정한 것은 생명나무 신앙으로 순종하고 따라야 한다는 것을 깨달았습니다.

문화행사뿐만 아니라 지역 어르신들을 위한 실버스쿨을 개강하여 섬기고 있으며 지역주민을 위한 문화센터 개방, 가난하고 소외된 이웃들과 함께 하는 쌀 나누기 행사, 소년소녀 가장을 위한 장학구제 활동 등 지역민을 위한 아름다운 섬김의 모습을 보여주고 있습니다.

한국교회 최초 참전용사 초청행사

또한 나라와 민족을 섬기는 일에 앞장서고 있습니다. 소강석 목사님은 2006년 7월 북한이 대포동 미사일을 시험 발사하면서 남북관계가 경색되었을 때 백악관 평화봉사단 특별정책기획실장 진교륜 박사의 초청으로 백악관 직원 신우회 모임에서 설교를 할 기회가 있었습니다.

그런데 방미 일정 중에 미국 사람들이 TV에서 한국의 시위대가 성조기를 찢고 불태우는 장면을 보고 한국의 반미 감정에 대해 매우 섭섭해 하는 이야기를 들었습니다. 그래서 미국 사람들에게 성조기를 불태우는 모습이 한국의 진짜 모습이 아니라는 사실을 알리고 싶었습니다. 그리고 한미우호를 위해서는 정부차원의 외교뿐만 아니라 민간외교 차원의 교류가 매우 중요하다는 것을 인식하게 되었습니다.

그래서 한국으로 돌아온 후에 한국교회 최초로 제1차 6.25 참전용사 초청 행사를 개최하였습니다. 참전용사 초청 행사는 정부기관 차원에서나 할 수 있는 대규모 행사이지만 새에덴교회가 기획하고 모든 경비까지 다 부담하며 제10차에 걸쳐 성공적으로 수행하였습니다.

특별히 한미 양국의 대통령이 축사를 보내올 뿐만 아니라 제2차

행사 때는 6.25전쟁 당시 19살의 나이로 한국전쟁에 참전한 로렌조 오르테가 씨와 17살의 학도병으로 총을 들었던 김영헌 씨가 57년 만에 극적인 만남을 갖는 감동적인 순간이 있었습니다. 그들의 영화와 같은 만남은 KBS 9시 뉴스에 소개되었을 뿐만 아니라 여러 공중파 방송과 신문에 보도되면서 큰 감동을 선물하였습니다.

또한 제3차 행사는 라스베가스에서 800여 명의 참전용사와 가족들이 참여한 가운데 열렸는데, 한미 간의 우호 증진을 위한 심포지엄과 독도수호 포럼을 열어서 독도 영유권 논쟁이 촉발되었던 민감한 시기에 독도는 엄연한 대한민국의 영토라는 사실을 적극적으로 홍보하였습니다. 또한 참전용사들은 한미우호증진을 위한 사인회를 가진 후 동판으로 제작하여 한미 양국의 대통령에게 전달하였습니다.

참전용사 초청행사는 10회에 이르기까지 그 규모와 영향력이 점점 더 커져가면서 한국교회뿐만 아니라 대한민국 사회에 투철한 국가관과 애국심을 깨우는 민간외교의 타오르는 불씨가 되었으며 역사와 사회를 섬기는 한국교회의 이미지를 고양시키는 데 큰 계기가 되었습니다. 참전용사 초청 행사는 이 땅의 자유와 평화를 지켜준 참전용사들의 희생을 잊지 않을 뿐만 아니라 자유 민주주의의 가치를 되새기며 다음 세대들에게 확고한 국가관과 안보의식을 고취시키는 역사적 의미가 있는 행사입니다.

처음에 참전용사 초청행사를 할 때 한 번만 한 줄 알았습니다. 왜냐하면 전혀 교회와 관계도 없는 일이고, 너무 큰 비용이 들어가는 행사라 1회로만 그칠 줄 알았기 때문입니다. 그런데 목사님께서는 계속해서 행사를 추진하셨습니다. 사실 교회 내부적으로 교회가 왜 이런 일을 해야 하느냐는 의견도 있을 수 있습니다. 그러나 저를 비롯한 모든 중직자들은 담임목사님의 결정에 무조건 따랐습니다.

이렇게 시작한 것이 벌써 10주년을 맞게 되었습니다. 특별히 참전용사 초청행사 10주년을 맞아 KBS방송에서 '다시 코리아로, 그들의 마지막 귀환'이라는 다큐멘터리로 제작 방영되어 제3방에 이르도록 큰 인기와 반향을 일으켰습니다. 한 방송 관계자의 말에 따르면 우리 국민의 천만 명 이상은 그 다큐멘터리를 보았을 것이라고 하였습니다. 방송이 나가자 얼마나 많은 감사와 격려의 전화가 교회로 쏟아졌는지 모릅니다. 자신은 교회를 안 다니지만 교회가 이렇게 훌륭한 일을 하는 것에 너무 감사하다며, 계좌번호를 가르쳐주면 후원금을 보내고 싶다고 할 정도로 큰 반향을 일으켰습니다.

이처럼 새에덴의 참전용사 초청행사는 교회에 대한 사회적 이미지를 바꾸는 계기가 되었습니다. '아, 교회도 고난의 역사를 기억하며 민족과 역사를 섬기는 아름다운 사역을 하는구나, 투철한 국가관과 애국심으로 민족의 상처를 어루만지고 눈물을 닦아주는 교회가 있구나.'

이러한 모습을 보면서 주의 종이 하는 일은 완전히 이단으로 빠지지 않는 이상, 내 생각과 이성으로만 판단하지 말고 먼저 기도하고 순종해야 한다는 것을 깨달았습니다. 설사 현재의 나의 생각으로는 이해가 되지 않더라도 말입니다. 지금도 그때 반대하지 않은 것을 너무 잘했다고 생각합니다.

나라와 민족을 섬기는 역사적 애국 사역

소강석 목사님은 한미외교뿐만 아니라 한일기독의원연맹(대표 김영진 의원 황우여 의원, 도이류이치 의원)의 지도목사로서 한일 간의 진정한 화해와 용서, 동반 발전을 위해 노력하여 '마틴 루터 킹 퍼레이드 집행위원회'(총재 래리 그랜트) 본부가 수여하는 '마틴 루터 킹 국제평화상'을 수상하기도 했습니다. 그리고 인터내셔널 그랜드마셜로 초청을 받아 60만 명의 흑인 등 각계 지도자와 미국 시민들이 대거 참석하는 대규모 축하 퍼레이드를 주관하며 대한민국을 알리기도 했습니다.

이와 같은 민간외교 활동은 미국 내에서도 큰 주목을 받아 2008년 1월에는 LA 오렌지카운티 의회에서 5명의 슈퍼바이저가 사인을 한 특별공로상을 받았을 뿐만 아니라 한인 민간인으로서는 최초로 제44주기 맥아더 추모회와 정기총회에서 20여 분간 오프닝 세리머니를 하여 기립박수를 받기도 했습니다.

또한 2017년 1월에는 미국 워싱턴DC 한국전쟁기념재단을 방문해 '한국전 추모의 벽' 건립을 지원하기 위해 1만 달러를 기탁하기도 했습니다. 추모의 벽은 일명 '한국전 회상의 벽'으로 한국전 참전기념공원 내에 3만 6,000여 명의 한국전 전사자 명단이 새겨진 유리벽을 세우는 기념사업입니다. 기금 전달식에는 6.25전쟁 당시 팔다리를 잃은 참전용사 웨버 이사장을 비롯하여 릭 리차드 댄 부회장, 짐 피셔 사무총장, 우성원 재향군인회 미동부지회장과 이병희 워싱턴안보단체협의회장 등이 참석하였습니다.

무엇보다 새에덴교회는 나라와 민족을 섬기는 마음으로 3.1절, 8.15 광복절이 되면 기념예배를 꾸준히 드려 왔으며 PPP십자가 대행진, 광복절 평화음악회 등 애국적 행사를 개최하였습니다. 특히 이미 고인이 된 일본 민주당 도이류이치 의원은 일본 민간사절단들과 함께 새에덴교회를 방문하여 성도들 앞에서 큰절을 하며 과거 일본이 한국에서 저지른 만행을 진심으로 참회하며 용서를 구하는 뜻깊은 시간도 있었습니다.

그리고 소강석 목사님은 2008년에는 김영진 의원과 함께 사할린을 방문하여 정신대로 끌려온 할머니들에게 위문품을 전달하고 큰절을 올리며 사죄와 감사의 인사를 올렸습니다. 나라와 민족을 섬기는 애국적 사역으로 인해 2010년 〈시사저널〉에서는 민간외교에 탁월한 안목과 지도력을 가진 차세대 한국교회 대표지도자로 선정하기도 했습니다.

목사님의 민간외교 사역과 애국적 활동은 해외로부터 먼저 인정을 받아 2011년 미국 해외참전용사협회(VFW)로부터 금훈장을 수여받았을 뿐만 아니라 제5회 세계한인의 날 기념식에서는 '미주 한인의 날' 제정 기여, 한국전 참전 미군용사 초청행사 개최, 미주 한인 지도자들에 대한 지원 활동 등 한미 관계 발전과 미주 지역 동포 위상 강화에 기여한 공로를 인정받아 우리 정부에서 수여하는 '국민훈장 동백장'을 서훈 받았습니다. 그리고 제6회 세계한인의 날 기념식에는 미주한인재단(KAFUSA)이 수여하는 '2012 자랑스러운 한국인 대상'을 수상하였습니다.

새에덴교회는 폐허의 땅 위에 피어난 한 송이 꽃처럼 민족의 희망이 되고 있습니다. 교회 정문에 무궁화를 심어 놓고 나라를 위해 기도할 뿐만 아니라 다음세대 자녀들에게 나라 사랑의 마음을 교육하며 통일한국시대 민족의 눈물을 닦아주는 지도자를 길러내는 교회입니다. 앞으로도 새에덴교회는 민족과 역사를 의식하며 섬길 것입니다. 그리하여 통일한국, 민족복음화, 세계선교의 길로 솟구치며 비상할 것입니다.

한국교회 연합과 목회 생태계 회복 사역

새에덴교회는 개교회를 넘어 한국교회 연합과 목회 생태계를 회복하는 사역에 앞장서서 섬기고 있습니다. 시청 앞 광장에서 열린 8.15 평화통일기도회를 비롯하여 각종 연합집회에 헌신적으로 참여하였고 소강석 목사님께서는 한국교회의 연합과 일치를 호소하는 글을 꾸준하게 게재하면서 미래 방향성과 대안을 제시하였습니다. 그 결과 분열과 다툼으로만 치닫던 한국교회 분위기가 화해와 일치의 분위기로 바뀌는 것을 볼 수 있습니다.

또한 한국교회 생태계를 복원하기 위하여 반동성애, 반이슬람 사역 등을 치밀한 전략과 함께 섬기고 있습니다. 특별히 소강석 목사님께서는 한국교회동성애대책본부장으로서 최전선에서 한국교회를 무너뜨리려고 하는 반기독교 세력의 정서와 공격을 막고 있습니다.

또한 우리 교회는 참전용사 초청행사, 주기철, 성탄절 특집 다큐멘터리 등을 제작 방영함으로써 공중파 방송을 통한 미디어 선교의 새 길을 개척하였습니다. 그리고 2017년 윤동주 탄생 100주년을 맞아 3.1절 특집으로 윤동주 다큐멘터리를 준비하고 있는데, 그 방송이 나가면 더 큰 사회적 반향과 영향력을 일으키게 될 것입니다.

지금 전 세계적으로 반기독교 세력의 공격이 쓰나미처럼 몰려오고 있습니다. 특별히 한국교회에 집중되고 있습니다. 그런데 여전히 한국교회는 다투고 분열하며 하나 되지 못하고 있습니다. 이러한 때, 새에덴교회는 개교회 성장만을 추구하는 것이 아니라 한국교회 연합과 목회 생태계 복원을 위한 사역에 모든 역량을 쏟으며 섬기고 있습니다.

왜냐하면 목회 생태계가 무너지면 한국교회 전체가 소멸되어 버리기 때문입니다. 기독교 국가로 불렸던 영국교회도 낙태, 동성애, 이슬람 등 반기독교적 사상과 이슈가 밀려올 때 뒷짐 지고 방관하다가 순식간에 목회 생태계가 무너져서 지금은 2%도 되지 않는다고 하지 않습니까? 한국교회도 시대정신과 역사의식을 갖지 못하면 영국교회를 따라갈 수 있습니다.

그러므로 이제 목회자와 중직자들부터 의식 전환을 해야 합니다. 개교회만을 위한 목회가 한국교회 전체의 공익을 위한 사역에 힘을 모아야 할 때입니다. 그러기 위해서는 교회의 중직자들이 시대정신과 역사의식을 가지고 깨어나야 합니다. 생명나무 가득한 교회를 이루어야 합니다. 교회 안에서 생명이 역동하고 은혜가 충만하고 성령이 타오르는 교회를 이루어야 합니다.

이렇듯 교회 생태계를 지키고 반기독교 세력을 막는 사역에 많은 지출을 하다 보니까 토요일이면 재정이 2-300만 원이 남을 때도 있습니다. 그래도 우리는 무조건 "목사님, 정말 잘하셨습니다"라고 격려 드리고 아낌없이 후원을 합니다. 그런데 정말 놀라운 것은 단 한 번도 부족함 없이 하나님이 재정을 다 채워주신다는 것입니다. 교회가 정체기라고 하지만 매년마다 부흥하고 경제가 어렵다고 하지만 매년마다 재정이 15% 이상 성장합니다. 개교회를 넘어 한국교회의 공익과 건강한 사회를 지키는 사역을 위해 많은 지출을 하니까 재정이 넘쳐서 풍족하지는 않지만, 그래도 하나님이 그때마다 다 채워주십니다.

천국 갈 때까지 생명나무 장로로 살리라

저는 새에덴교회에서 소강석 목사님을 만나 생명나무 신앙 원리를 깨우치게 된 것을 너무나 감사드립니다. 그리고 앞으로 생명나무 장로로 살아가리라 다짐합니다. 아니, 저뿐만 아니라 한국교회 안에 생명나무 장로들을 세워나가는 중보자로 쓰임 받고 싶습니다. 그래서 교회가 하나님 중심, 교회 중심, 주의 종 중심으로 화목하고 하나 되어 하나님의 나라를 확장해 가는 데 쓰임 받고 싶습니다.

다시 강조하지만, 이건 저를 자랑하는 것도 아니고, 우리 교회를 자랑하는 것도 아니고, 소 목사님을 자랑하고자 함도 아닙니다. 부족하고 연약하기만 한 저를 쓰시고, 새에덴교회를 쓰시고, 소강석 목사님을 쓰시는 왕이신 주님만을 높이고 그분이 행하신 놀라운 은혜를 간증하고자 함입니다.

　장로인 저의 눈으로 봐도 지금 한국교회는 너무나도 고소, 고발이 난무하고 선악과로 가득한 것 같습니다. 이것은 사탄의 이간계에 휩쓸려 있기 때문입니다. 목사와 장로를 나누고, 장로와 장로를 나누어서 서로 시기하고 질투하며 다투게 하는 사탄의 술수에 넘어간 것입니다. 결코 그런 교회는 부흥할 수 없습니다. 그런 성도는 복된 신앙생활을 할 수 없습니다.

　개교회와 한국교회가 화목하고 부흥하는 데 반 줌의 중보라도 되기 위해서 글을 쓰게 되었습니다. 글을 쓰는 저 자신도 너무나 부족한 점이 많고 불완전합니다. 그래서 늘 십자가에 옛 자아를 못 박는 마음으로 무릎 꿇고 주님 앞에 엎드립니다. 그래야 제가 생명나무 장로로 살 수 있기 때문입니다.

　저희 가정이 마치 태평양 한 가운데서 폭풍을 만나 좌초 위기에 놓인 배처럼 돛이 찢기고 방황하며 표류하고 있을 때, 생명나무 신앙을 만나서 다시 위로와 힘을 얻고 일어설 수 있었습니다. 광주광역시 교육청 관리국장으로 가지 말고 교육부 과장을 거쳐 광주광역시 부교육감으로 승진해서 가라고 말씀하실 때도 이성적으로는 도저히 안 되는 일이지만 순종했더니 하나님께서는 이루어 주셨습니다.

　또한 부족하고 자격도 없는 저에게 예수대학교 총장으로 가라고 말씀하실 때도 전혀 생각지도 못했고 안 된다고 생각했지만 순종하였더니 총장의 자리에 앉게 하시고 재임까지 8년 동안 학교를 살리는 총장을 할 수 있었습니다. 그래서 담임목사님께서 무슨 말씀을 하실지 기대가 됩니다. 이번에는 담임목사님께서 교회에서 주일밤 예배 때 간증을 하시라고 하셔서 순종하였습니다. 그리고 간증 내용을 가지고 하나님의 영광을 위하여 책을 쓰게 되었습니다.

하나님께서 저에게 주신 찬란한 약속을 생각하면 가슴이 뜁니다. 부족한 저를 통해서 이루실 하나님의 축복이 너무 크고 기대가 되기 때문입니다. 사실 하나님의 품으로 먼저 떠난 큰딸에 비하면 다혜와 성동이는 존재감이 미약할 정도로 우리 부부에게 큰 기대감을 주지 못했습니다. 그러나 하나님께서 고난과 시련의 풀무불을 지나서 우리에게 주신 약속은 크고 위대하였습니다. 반드시 다혜와 성동이를 통하여서 크고 위대한 일을 역사하신다는 것입니다.

비록 제 당대에 그 축복을 보지 못할지라도 하나님께서는 반드시 내 다음 대에 아니면 손자들 대에서라도 반드시 제게 말씀하신 대로 이루어주시리라 확신합니다. 아브라함이 하나님의 약속을 받고 갈대아 우르를 떠났던 것처럼, 요셉이 하나님께 별처럼 빛나는 꿈을 약속 받은 것처럼, 반드시 우리 가정을 세우시고 믿음의 명문가문, 축복과 영광의 가문을 이루실 줄로 믿습니다.

이것은 저의 허황된 생각이 아니라 하나님이 말씀하시고 약속을 주셨기 때문에 반드시 이루어주실 것입니다. 한번은 기도 가운데 하나님께서 아들 손자 다섯을 줄 것이라고 감동을 주셔서 성동이에게 말을 했더니 "요즘 여자들이 자녀를 하나도 안 낳으려고 하는데 어디에 아들 다섯을 낳을 여자가 있겠느냐?"고 하는 것입니다.

그런데 정말 건강하고 믿음이 좋고 성품이 좋은 며느리를 맞았는데 아들 셋을 낳았습니다. 그리고 앞으로 아이를 더 낳는다고 합니다. 얼마나 감사한지 모릅니다. 정말 요즘 같은 시대에 그런 며느리가 어디 있겠습니까? 저는 앞으로 하나님이 다혜와 성동이를 통해서 이루실 축복을 기대하고 사모합니다. 그리고 지금도 하나님의 약속을 가슴에 품고 꿈을 꿉니다. 하나님은 한 번도 실수가 없으시고 실망시킨 적이 없으십니다.

다시, 사명의 길을 떠나며

저의 삶을 돌아보면 결코 순탄한 인생은 아니었습니다. 그러나 하나님을 만난 순간부터 고난과 시련도 결국에 돌아보면 다 선이고 감사고 축복이었습니다. 특별히 소강석 목사님과 새에덴교회를 만난 이후부터 저의 인생은 완전히 180도 달라진 인생이 되었습니다. 과거에도 신앙생활을 하기는 했지만 그 안에 생명이 없었습니다. 진정한 감사와 기쁨과 헌신과 충성이 없었습니다.

그런데 목사님을 통하여 생명나무 신앙과 로드십 신앙, 신정주의 교회론을 깨닫고부터는 모든 것이 감사요, 아멘이요, 충성이요, 기쁨이었습니다. 무슨 일을 만나도 무조건 감사합니다. 누구를 만나도 용서하고 사랑합니다. 지나온 과거를 원망하고 불평하기보다는 앞으로 저에게 주실 하나님의 약속을 붙잡고 감사하며 꿈을 꿉니다. 하루하루가 기쁘고 행복하기만 합니다.

이제 예수대학교 총장직도 연임을 한 이후에 마무리를 하지만 저는 여전히 꿈을 꿉니다. 하나님께서 또 어떤 약속과 꿈을 주실까 기대가 됩니다. 소강석 목사님께서는 단 하루도 꿈 없이 잠들지 않고 꿈 없이 깨어난 적이 없다고 말씀하십니다. 저도 마찬가지입니다. 언제나 꿈꾸는 사람이고 싶습니다. 언제나 사명의 길 위에 서 있는 사람이고 싶습니다.

그래서 하나님의 약속을 이루고 축복을 성취하는 이 시대의 아브라함이요, 요셉 같은 사람으로 쓰임 받고 싶습니다. 이제 다시 길 위에 섭니다. 오직 하나님, 오직 교회, 오직 주의 종 중심의 삶을 살아왔습니다. 앞으로도 주의 성전을 세우는 벽돌 한 장이 되고, 주의 종의 사역을 돕는 브리스길라와 아굴라 같은 장로로 쓰임 받기를 원합니다.

그리고 하나님께서 더 큰 꿈을 주신다면 부족한 사람이 평신도 입장에서 한국교회 중직자들을 깨우고 세워가는 일에 미력하나마 쓰임 받기를 위해 기도합니다. 왜냐면 하나님의 약속과 축복은 교회를 통하여 성취되기 때문입니다.

저는 앞으로도 신정주의, 로드십, 생명나무 신앙으로 주님을 왕으로, 주인으로 모시는 신앙생활을 해 나갈 것입니다. 더욱더 교만하지 않고 겸손히 담임목사님 말씀에 순종하며 충성할 것입니다. 그리고 담임목사님을 사모하며 기도하고 존귀하게 섬길 것입니다. 천국 갈 때까지 하나님과 교회와 담임목사님께 부끄럽지 않게 신앙생활을 할 수 있도록 기도하며 살아갈 것입니다.

지금 한국교회는 목회자와 성도들이 싸우고 다투고 분열하면서 얼마나 몸살을 앓고 있습니까? 부족한 사람의 신앙 고백과 스토리가 하나님께 영광 돌리고 한국교회를 세우는 일에 불쏘시개가 되고 한 줌의 중보가 될 수 있기를 기도합니다. 부족한 간증을 한 권의 책으로 집필하게 하신 하나님께 감사드리며 모든 영광 하나님께 올려 드립니다.

생명나무 장로

1판 1쇄 발행 _ 2017년 2월 25일
1판 7쇄 발행 _ 2017년 4월 15일

지은이 _ 서광수
펴낸이 _ 이형규
펴낸곳 _ 쿰란출판사

주소 _ 서울특별시 종로구 이화장길 6
편집부 _ 745-1007, 745-1301~2, 747-1212, 743-1300
영업부 _ 747-1004, FAX 745-8490
본사평생전화번호 _ 0502-756-1004
홈페이지 _ http://www.qumran.co.kr
E-mail _ qrbooks@gmail.com / qrbooks@daum.net
한글인터넷주소 _ 쿰란, 쿰란출판사
등록 _ 제1-670호(1988.2.27)
책임교열 _ 오완·김유미

ⓒ 서광수 2017 ISBN 978-89-6562-983-2 03230

책값은 뒤표지에 있습니다.
이 출판물은 저작권법에 의해 보호를 받는 저작물이므로 무단 복제할 수 없습니다.
파본(破本)은 구입처에서 교환해 드립니다.